Karneval –
Wie geht das?

Wolfgang Oelsner
geboren 1949, verfasste zahlreiche Bücher, Fernseh- und Rundfunkbeiträge zum Thema Karneval. Seit 1966 ist er selbst im Kölner Karneval aktiv, vor allem als Musiker. Er ist Schulleiter und Kinderpsychotherapeut in Köln.

Wolfgang Oelsner

Karneval – Wie geht das?

Fastelovend kinderleicht erklärt

Mit Gutschein für einmal freien Eintritt für ein Kind in das Kölner Karnevalsmuseum (S. 160).

Herausgegeben vom Festkomitee des Kölner Karnevals von 1823 e.V.

Das Festkomitee des Kölner Karnevals von 1823 e.V.
widmet dieses Buch dem karnevalistischen Nachwuchs.

Bibliografische Information Der Deutschen Bibliothek
Die Deutsche Bibliothek verzeichnet diese Publikation in der deutschen
Nationalbibliografie; detaillierte bibliografische Daten sind im Internet
über http://dnb.ddb.de abrufbar.

1. Auflage 2007
© J.P. Bachem Verlag, Köln 2007

Lektorat und Bildredaktion: Kirsten Nagel, Köln
Reproduktionen/Einbandgestaltung und Innenlayout:
Reprowerkstatt Wargalla GmbH, Köln/Eva Kraskes, Köln

Printed in Germany
ISBN: 3-7616-2011-X

www.bachem.de

Inhalt

8	Grußwort an die Kinder
9	Grußwort an die Erwachsenen

10 Wozu dieses verrückte Fest?
- 12 Warum feiern Menschen Karneval?
- 14 Seit wann feiern Menschen Karneval?
- 16 Spiele haben Regeln
- 17 Wann ist Karneval?
- 19 Was heißt eigentlich „Karneval" und „Fastelovend"?
- 20 Fastnacht ohne Fasten – was macht das für einen Sinn?

22 Wie kommt Köln zum Karneval?
- 24 Wer macht den Karneval?
- 26 Ein Festordnendes Comité wird gegründet
- 30 Wie die Karnevalssitzung entstand
- 31 Aus dem Festordnenden Comité wird das Festkomitee des Kölner Karnevals
- 35 Karneval und Politik – zwischen Anpassung und Verulkung
  Ein Sketch über den Kaiser

40	**Typische Figuren im Kölner Karneval**
42	Soldatenkorps
	Die Roten Funken · Funkenkorps parodieren das Militär
	Aus Roten werden Blaue Funken
48	Die Traditionskorps des Kölner Karnevals
50	Übersicht Traditionskorps
57	Funkenmariechen
59	„Mariechen flieg!" – Akrobatische Tanzgruppen
60	Warum ein Dreigestirn?
	Herrscher im Narrenreich · Prinz · Bauer · Jungfrau
68	**Karnevalsmusik**
70	Lieder besingen Gefühle
72	Lieder erzählen Stadtgeschichte
73	Kölns musikalisches Stadtpanorama
	Kölsches Musikquiz
76	Musikunterricht mit den Bläck Fööss
	Interview mit Bläck-Fööss-Musiker Hartmut Priess
82	Karnevalslieder im Kölner Geschichtsunterricht
83	Tipps für Lehrkräfte
	CDs · Themen
86	Lieder ohne Worte – Texte ohne Melodie
88	Lehrer Welsch und die Schule in der Kaygasse

90	**Wie verläuft eine Karnevalssession?**
92	Ein Spaziergang mit närrischen Etappen
92	Sessionseröffnung am 11.11.
94	Saalkarneval *Korpsappelle · Proklamation · Sitzungen · Sitzungen in Pfarreien und Schulen · Bälle*
103	Straßenkarneval *Weiberfastnacht · Karnevalsfreitag · Karnevalssamstag · Karnevalssonntag · Rosenmontag · Karnevalsdienstag · Aschermittwoch*
120	**Wie Kinder Karneval feiern können**
122	Karnevalsterminkalender für Kinder *Kinderkostümfeste der Karnevalsgesellschaften · Kinder- und Jugendpartys · Ziegenbartsitzung · Kinderstunksitzung · Kinderpuppensitzung im Hänneschentheater*
125	Wo und wie können Kinder im Karneval mitmachen? *Schulsitzungen · „Jecke Tön för jecke Pänz" – Schulsitzung Kölner Schulen · Tanzgruppen – Erlebnisbericht „De Höppemötzjer" · Musikgruppen · Erlebnisbericht Ziegenbartsitzung*
134	Verkleiden macht Spaß *„Lappenkääl" – der kölsche Clown*
139	**Kleines Karnevalslexikon für den schnellen Überblick** (für Erwachsene nicht verboten)
155	Statt Nachwort …
157	Dabei sein und mitmachen – Adressen und Veranstaltungen
160	Bildnachweis

Grußwort an die Kinder

Gerade haltet Ihr ein Buch über den Kölner Karneval in Euren Händen. Es ist von Erwachsenen für Kinder geschrieben worden und soll Euch den Kölner Karneval und seine Eigenarten erklären. Es ist aber kein Schulbuch. Dieses Buch soll in erster Linie dazu dienen, Euch Freude zu bereiten.

Wenn es Euch irgendwie gelingt, dann lest das Buch nicht alleine, sondern mit Euren Eltern, Großeltern, Geschwistern oder Freunden zusammen. Euch fällt schon was ein. Denn dann habt Ihr schon was ganz wichtiges richtig gemacht. Kölner Karneval feiert man eben nie allein – immer versucht man, die Freude mit anderen zu teilen. Mit anderen lachen, das macht Freude.

Karneval ist ein großes Fest. Ihr kennt sicher viele Feste. Zum Beispiel, wenn Ihr Euren Geburtstag feiern wollt und Gäste eingeladen habt. Vorher muss dann alles organisiert werden, es muss eingekauft werden, es braucht Musik, leckere Sachen zu essen und vieles mehr.

Auch der Karneval muss organisiert werden. Das machen die vielen Karnevalsgesellschaften. Über 100 gibt es davon alleine hier in Köln. Damit diese vielen Gesellschaften auch gemeinsam feiern können, gibt es das Festkomitee des Kölner Karnevals. Zum Beispiel wird dort der Rosenmontagszug organisiert oder auch das Kölner Karnevalsmuseum geleitet. Das Festkomitee gibt es schon seit dem Jahr 1823.

Bald wisst Ihr, warum die Kölner Alaaf rufen, wer im Kölner Dreigestirn ist und warum der Nubbel verbrannt wird. Also los, viel Spaß mit dem Buch hier.

Und wenn Ihr es schafft, das ganze Buch von vorne bis hinten zu lesen und Euch dabei noch vieles merkt, dann seid Ihr für mich ein Held Karneval!

Markus Ritterbach
Präsident des Festkomitee des Kölner Karnevals von 1823 e.V.
Köln, in der Session 2007

Grußwort an die Erwachsenen

Ich war zunächst dagegen, Kindern in einem Buch den Karneval zu erklären. Es muss nicht zum 111. Mal geschrieben werden, dass Köln „Alaaf" ruft. Und die Aufklärung, dass es in der „verbotenen Stadt" „Helau" heißt, war noch nie witzig. Ein Fest zu reflektieren, ist ein Anliegen von Erwachsenen, nicht von Kindern. Die feiern Karneval, oder sie tun es nicht.

Kinder leben noch auf der Spielwiese. Wir Großen mussten diese längst gegen die Härte des Berufslebens eintauschen. Dem entfliehen wir dann und wann in Nischen, beim Hobby, im Urlaub, jeder für sich.

Es gibt aber auch Gelegenheiten, uns in großer Gemeinschaft auf kollektiven Spielwiesen zu tummeln. Der Kalender räumt sie uns ein. Zu Karneval gewährt er eine Auszeit von der Realität. Dann spielt sich das Leben wie unter einem Vergrößerungsglas ab. Wir spüren, wie wir Menschen (auch) sind und wie das Leben so spielt. Es lädt uns ein mitzuspielen, ohne Androhung ernster Konsequenzen. „Der Mensch ist nur da ganz Mensch, wo er spielt", sagte Friedrich Schiller.

Im Fest der „verkehrten Welt" spielen Narren – gefahrlos – mit dem Leben. Wie die Kinder. Die tun auch so „als ob": „Ich wär' mal der, und du wärst jetzt mal die!" Rollenwechsel ist ihr Privileg. Ebenso wie die tausend „Warums", mit denen die Jungen uns Alte oft in Verlegenheit bringen. Dahinter steckt ihr Wunsch an uns: „Erzähl' mir vom Menschen, erklär' mir die Welt!" Wenn es darum geht, schreibe ich gerne darüber.

Wie Menschen mit dem Leben und ihren Sehnsüchten umgehen, lässt sich auch daran ablesen, welche Bräuche sie pflegen. Die muss man kennen, um sie zu verstehen. Auch „Spielwiesen" wollen gepflegt werden. Das strengt manchmal an. Doch Kinder machen da gerne mit. Möge dieses Buch dabei helfen.

Wolfgang Oelsner
Köln, in der Session 2007

Warum feiern Menschen Karneval?

Komisch können die Erwachsenen sein. Da meckern sie dich aus, wenn du ungekämmt aus dem Haus gehst, und selber laufen sie mit einer roten Wuschelperücke durch die Straßen. Oder wehe, du erscheinst auf dem Geburtstag der Oma in Jeans mit Löchern! Eltern sehen das nicht gerne. Doch sie selber schämen sich nicht, mit verschiedenfarbigen Socken und viel zu kurzen Hosen in die feinsten Säle der Stadt zu gehen. Andere rümpfen die Nase über Punker auf der Domplatte und machen selber einen auf „Asi". Vielleicht kennst du auch Väter, die es nicht mögen, wenn ihr Sohn sich mit Ohrringen schmückt, doch sie selber hängen sich goldene Ketten um den Hals und tragen glitzernde Schmuckstücke vor der Brust. Manchmal traut man seinen eigenen Augen nicht, wenn der stets seriös gekleidete Nachbar einem auf einmal in Strumpfhose und mit vier Federn an der Mütze begegnet und sich so auch noch groß in der Zeitung abbilden lässt.

Das ist schon alles sehr verrückt, nicht wahr? Doch alle die Beispiele gibt es. In Köln und Umgebung ganz besonders oft. Aber sie

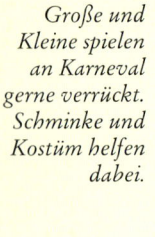

Große und Kleine spielen an Karneval gerne verrückt. Schminke und Kostüm helfen dabei.

gelten nur zu bestimmten Zeiten. Und weil du ein Buch in Händen hältst, auf dem „Karneval" drauf steht, weißt du längst, welche Zeit gemeint ist, und du findest das alles gar nicht so verwunderlich. An Karneval macht man das eben so. Da spielen auch die Erwachsenen verrückt und machen Blödsinn, den sie sonst nicht dulden würden. Genau darum geht es bei diesem Fest!

Rollen spielen heißt, so tun „als ob". Beispielsweise, als wären Kinder mal starke Wikinger.

Menschen, auch große Menschen, spielen manchmal. Gelegentlich möchten sie so tun „als ob". Sie möchten mal das Gegenteil von dem sein, was sie sonst anständig finden, und sie tun das, was ihnen sonst peinlich ist. Sie rücken die Bedenken weg, die sie sonst haben. Sie verrücken damit die Grenzen, in denen sie sonst leben. Sie spielen ver-rückt. Deutsche tun beispielsweise so, als lebten sie in Mexiko, Ungarn, der Mongolei, Texas oder in einem früheren Jahrhundert. Männer spielen Frauen, Frauen spielen Männer. Mütter werden Teufel, Väter Piraten. Großmütter werden zu Miezekätzchen, Großväter zu Lausbuben. Lehrer machen den dummen August. Und fast immer singen sie dabei. Meist laut und mit vielen anderen zusammen. Manchmal werden sie übermütig, lachen, tanzen, trinken und flirten. Manchmal werden sie auch wehmütig, verdrücken ein Tränchen und singen davon, wie schön doch früher alles war, als sie selber noch Kinder waren. Schon echt komisch, diese Erwachsenen!

Und Kinder? Könnt ihr Kinder manchmal auch so komisch sein? Sicherlich singt ihr nicht davon, dass es früher so schön war. Wenn ihr „Batman" oder Prinzessin spielen wollt, dann tut ihr das einfach. Doch „Batman" zu spielen wird ja erst besonders schön, wenn man auch dessen Gewand trägt, so mit allem Drum und Dran, mit Maske, Gürtel, Umhang. Und Prinzessin ist man eigentlich erst richtig mit feinem Kleid und Krone. Aber als Schulkind wirklich so herumzulaufen, ist das nicht peinlich? Auch Kindern kann vieles schon peinlich sein. Sie schämen sich, etwas zu tun, obwohl es viel Spaß macht. Mit der Frisur ist das ähnlich. „Wie toll sähe ich doch aus, wenn ich mir die Haare so machen würde wie der Pop-

KARNEVAL – WIE GEHT DAS?

star aus dem Fernsehen. Aber ich weiß genau, dass die in meiner Klasse dann lachen werden." So denken manche. Dann kommt dieses verrückte Fest, an dem alles anders ist, bei dem vieles möglich ist. Da wird viel gelacht und Quatsch gemacht. Wir spielen, als ob wir andere wären. Wir trauen uns das, weil die anderen an dem Fest auch fast alle anders aussehen.

In der Verkleidung dürfen wir mal jemand anderes sein, etwa Zwerg oder Burgfräulein.

Seit wann feiern Menschen Karneval?

Karneval ist ein Spielfest. Menschen spielen „verkehrte Welt". Da darf schwarz mal weiß, grau mal bunt, arm mal reich, schlau mal dumm, weiblich mal männlich sein. Natürlich alles auch umgekehrt. Solche Spiele haben Menschen schon immer gespielt. Als die Römer vor rund zweitausend Jahren die Mächtigsten der Welt waren, ließen sie ihre Sklaven einmal im Jahr Herren spielen. Die Oberen waren dann ganz unten und mussten ihren Dienern gehorchen. Das nannten sie zwar nicht Karneval, doch ein „Verkehrte-Welt-Spiel" war das auch.

Wegen der Ähnlichkeit solcher Feste mit unseren heutigen „tollen Tagen" glaubte man lange Zeit, Karneval stamme von den Römern ab. Das stimmt aber nicht. Deren Feste dienten einer anderen Idee. Sie waren bestimmten Göttern wie dem Weingott Bacchus oder dem Acker-

Rechts: Die Maske aus der Römerzeit wurde in Köln gefunden.

gott Saturn gewidmet und hießen deshalb Saturnalien oder Bacchanalien. Ähnliche Feste gab es, natürlich wieder unter anderen Namen, auch in anderen Kulturen und zu anderen Zeiten.

„Unser" Karneval taucht erst seit dem Mittelalter auf. In alten Schriften der Mönche, die vor etwa 800 Jahren entstanden, lesen wir erstmals von ihm. Das war die Zeit, als in Europa das Christentum sich als Religion durchgesetzt hatte. Karneval hängt mit dem Christentum eng zusammen, wie du unter dem Stichwort „Fasten" noch näher erfahren wirst. Religionen haben ihre Regeln. Und weil die meist streng sind, planen sie für die Gläubigen Ausnahmen von der Regel ein. Denn die Menschen spürten schon immer, dass ein Leben nur mit Vernunft und Gehorsam schwer auszuhalten ist, so wichtig diese Eigenschaften für eine Gemeinschaft auch sind. So spielten die frommen Mönche und Nonnen an bestimmten Tagen „verrückt". Sie machten Unfug, anstatt zu beten. Die sonst so brav und bescheiden lebenden Klostermenschen tanzten und küssten, aßen und tranken viel und gehorchten nicht mehr ihren Vorstehern, dem Abt, der Äbtissin. In der damaligen Sprache hörte sich das so an: „Wir haben die Fastnacht in aller Lust passiert ... und uns recht lustig gemacht. ... Des nachts, als die Frau Äbtissin schlafen ist gewesen, dann haben wir Thee, Kaffee und Chokolade getrunken und mit der Kart gespielt." Das Fest hieß Fastnacht. Es war die ausgelassene Nacht vor dem Beginn der damals sehr strengen Fastenzeit.

Solche Spiele können gefährlich werden. Die Mönche und Nonnen hätten womöglich beim Feiern und Vergnügen bleiben können, anstatt wieder in ihre Klosterzellen zurückzugehen. Und die Sklaven hätten es auf Dauer ja klasse finden können, selber das Sagen zu haben. Manchmal passierte so etwas auch. Deshalb war es den Oberen bei solchen Spielen oft recht mulmig. Manche Herrscher untersagten auch solch närrische Spiele. Die Verbote waren aber nur schwer zu kontrollieren. Eigentlich erwiesen sie sich auch als unnötig, denn meistens fanden die Menschen nach den tollen Tagen („toll" bedeutete früher so viel wie „verrückt") wieder ins normale

Fratzenhafte Maske auf einem römischen Öllämpchen

Narrenfiguren, die Unfug machen, sind auch in der Kirchenkunst zu sehen.

16   KARNEVAL – WIE GEHT DAS?

Mittelalterliches Fastnachtstreiben zeigten die Steinbilder am Kamin im Gürzenich, bevor er im Krieg zerstört wurde.

Leben zurück. Sie gingen ihrer Arbeit nach, und alles war wie zuvor. Das war möglich, weil das Fest, so wild und grenzübergreifend es auch war, Regeln kannte.

Spiele haben Regeln

Spielregeln sorgen dafür, dass Spiele nicht im Chaos enden, sondern den Menschen Freude machen. Die wichtigste Regel ist, das Spiel-Ende festzulegen. Besonders beim Spielfest Karneval. Denn Albernheiten ohne Ende zu betreiben kann schnell nervig werden. Im Spiel mit anderen mal verrückt zu spielen (im Rheinland heißt das übrigens „jeck sein") ist schön. Vor allem, wenn die Beteiligten sich darüber einig sind, wann mit dem Quatsch Schluss sein soll und das „normale Leben" weitergeht. Die lustigen Erlebnisse aus dem „jecken Leben" können aber noch nachwirken. Künstler, die gerne einen eigenwilligen Lebensstil führen, stupsen uns an, ob wir nicht noch mehr aus der „jecken Zeit" mit in die „normale Zeit" hinübernehmen sollten.

Wer bestimmt eigentlich, wann Karneval ist? Das hat sich auch der berühmte Dichter Johann Wolfgang von Goethe gefragt. Seine

Wozu dieses verrückte Fest? 17

Antwort: „Karneval ist ein Fest, das dem Volke nicht gegeben wird, sondern das sich das Volk selbst gibt." Er meinte damit, dass nicht Herrscher und Regierungen bestimmen können, dass Karneval gefeiert wird (verbieten konnten sie das Feiern allerdings), sondern dass Menschen das aus sich heraus tun. Den Zeitpunkt der Feier lassen sie sich allerdings vom Kalender vorgeben. Das bedeutet nicht „Lustigkeit auf Knopfdruck", sondern das Einhalten einer Spielregel. Natürlich darf jeder für sich seine eigene „verrückte Zeit" festlegen. Auf Partys, in Ferienaktionen, auch in Theaterstücken tun das die Menschen heutzutage das Jahr über reichlich. Doch wenn das zum Zustand für eine ganze Region würde, wäre das auf die Dauer weniger lustig, sondern eher chaotisch. Ein Gemeinschaftsleben braucht auch normale Zeiten, in denen auf die Regeln wieder Verlass ist.

Der Dichter Johann Wolfgang von Goethe schrieb auch über Karneval. Dem „Cölner Mummenschanz" widmete er 1825 sogar ein Gedicht.

Wann ist Karneval?

Wer bestimmt denn nun, wann im Kalender „Karneval" eingetragen wird? Antwort: der Mond. Das klingt komisch. Und noch was Komisches sei gleich gesagt, bevor die Sache mit dem Mond erklärt werden soll. Karneval ist eigentlich ein Abschiedsfest. Es ist ein Fest, dessen Termin von seinem Ende her bestimmt wird. Das ist so, als würdest du einen Freund verabschieden, der vielleicht wegen des Berufs seiner Eltern in eine andere Stadt ziehen muss. Vor eurer Trennung feiert oder spielt ihr noch einmal ausgiebig. Der Umzugstermin bestimmt das Ende des Spiels. Das Narrenspiel endet auch mit einer Trennung. Zwar ziehen die Jecken nicht an einen anderen

Ort. Doch sie wandeln ihre Gemütslage. Sie hören auf mit ihren Albernheiten und Vergnügungen und werden nachdenklich. Sie wechseln von der ausgelassenen Feier in die Stille der Fastenzeit. So war das jedenfalls mal gedacht, als die Regeln der Kirche im Leben der Menschen noch eine sehr große Bedeutung hatten. Die Fastenzeit bereitet auf Ostern vor. Dieses Fest ist nicht wie Weihnachten an einem festen Datum. Denn Ostern richtet sich nach dem Stand des Monds. Dessen Umlaufbahn läuft anders als Menschenuhren. Ostern fällt immer auf den ersten Sonntag nach dem ersten Frühlingsvollmond. Der wechselt jährlich. Er liegt zwischen Ende März und Ende April. Weil die Fastenzeit immer 40 (Werk-)Tage dauert, muss man von Ostern 40 Tage (plus sechs Sonntage) zurückrechnen, um rauszufinden, wann Aschermittwoch ist. So endet Karneval in manchen Jahren schon Anfang Februar, in anderen Jahren erst Anfang März, meist in den Wochen dazwischen.

An Ostern feiern Christen die Auferstehung Jesu. Zwei Tage zuvor, am Karfreitag, haben sie dessen Tod am Kreuz betrauert. Ostern ist also ein Fest der fröhlichen und kräftigen Gedanken. Christen sagen: Freude ist stärker als Leid, das Leben stärker als der Tod. Darauf hoffen Menschen, wenn sie an Jesus Christus glauben. Für die Osterbotschaft eignet sich der Sonntag nach dem ersten Frühlingsvollmond besonders gut. Auch die Natur erwacht nun. In den langen Wintermonaten sehen die Pflanzen wie abgestorben aus, doch im Frühling zeigen Knospen und Blüten, dass sehr wohl Leben in ihnen ist. Bald wird die graue Natur grün sein. Sie war nicht tot, sie hielt nur einen Winterschlaf. Traurigen und leidenden Menschen macht das Hoffnung, dass auch ihr Kummer nicht ewig bleiben muss.

Woher wissen wir, wann Karneval ist?
Das Datum für Karneval wechselt jährlich. Es richtet sich nach Ostern. Auch das ist ein bewegliches Fest. Ostern ist immer am ersten Sonntag nach dem Frühlingsvollmond. Sieben Wochen vor Ostern liegt das Karnevalswochenende. Karneval endet in der Nacht zum Aschermittwoch.
Bis Ostern bleiben dann noch 40 Fastentage (Sonntage werden nicht als Fastentage gezählt).

Wozu dieses verrückte Fest?   19

Was heißt eigentlich „Karneval" und „Fastelovend"?

Vor der Freude über die Auferstehung denken Christen an den Leidensweg, den Jesus vor seinem Tod gehen musste. Kirchenregeln raten deshalb vor Ostern zu einem stillen Leben. Auch die Menschen sollen eine Art „Winterschlaf" halten. Vierzig Tage sollen sie bescheiden leben, auch genügsamer essen. Fasten nennt man das. Bestimmte Speisen kommen in der Fastenzeit überhaupt nicht auf den Tisch. Unter anderem kein Fleisch (in Zeiten ohne Tiefkühltruhe schwanden die Schlachtvorräte vom Herbst nun ohnehin). Fleisch heißt auf Lateinisch „carnis" (die Kirchenregeln waren damals in Latein formuliert). Wegnehmen heißt auf Lateinisch „levare". Carnislevamen" hieß auf Kirchenlatein also „Wegnahme des Fleisches". In der Bevölkerung, die ja meist kein Latein verstand, wurde daraus eine Art Abschiedsseufzer „carne vale", das heißt „Fleisch lebe wohl!" Du ahnst schon, welches Wort daraus wurde: Karneval. Noch einem

Zwei völlig unterschiedliche Personengruppen zeigen den Gegensatz von Karneval und Fastenzeit. Links die vergnügungssüchtigen Kumpanen des feisten „Junker Karnevals". Rechts die hagere „Frau Fasten" mit den Vernünftigen und Redlichen. Zwei magere Heringe hält sie dem Fleischspieß und Weinfass des Karnevals entgegen. (Bild von Pieter Bruegel d. Ä., 1559)

Sex und nackte Haut sind lustvolle Themen im Karneval.

anderen „Fleisch" sollten die Leute „Lebe wohl!" sagen: der nackten Haut. Sie sollten in der Fastenzeit keinen Sex haben, am besten nicht mal daran denken. Letztlich ging es darum, alles, was lustvoll war, einzuschränken – vierzig Tage lang. Das fällt Menschen natürlich nicht leicht. Deshalb haben sie am Abend vor der Fastenzeit, am „Fastabend", am „Fastelovend", noch einmal kräftig genossen, was zu genießen war: Essen, Trinken, Tanzen, Singen, Flirten, Lieben. Karneval hat in den unterschiedlichen Regionen zwar unterschiedliche Namen wie Fastnacht, Fasnet, Fassenach, Fasching, Fasteleer, gemeint ist jedoch immer das gleiche: das üppige Fest vor der Fastenzeit. Die beginnt stets am Tag nach Fastnacht, am Aschermittwoch. Die Fastnacht dauerte ursprünglich also nur eine kurze Zeit, streng genommen nur den Dienstag vor Aschermittwoch. Den Namen behielt man bei, als die Festtage immer mehr nach vorne gestreckt wurden, als daraus die „drei tollen Tage" oder heute eine vielwöchige Session wurde („Kampagne" heißt sie in anderen Regionen).

Fastnacht ohne Fasten – was macht das für einen Sinn?

Auch wenn heute die meisten Menschen nicht mehr fasten, halten sie am Karneval fest. Und auch wenn Fisch, den die Karnevalisten am Aschermittwoch essen, heute manchmal eine viel luxuriösere Delikatesse ist als das „verbotene" Fleisch, respektieren sie, dass an diesem Tag das jecke Treiben vorbei ist. Sie legen ihre Kostüme und Uniformen ab. Es finden keine Sitzungen und Tanzbälle in den Sälen, keine Umzüge mehr auf den Straßen statt. Prinz, Bauer und Jungfrau treten nicht mehr in ihrem Ornat auf und ziehen aus ihrem feinen Hotel, der „Hofburg", aus. Die drei Männer nehmen wieder ihre normalen Namen an und gehen, vielleicht nach einem kurzen Urlaub, ihrem Beruf nach. Luftschlangen, Konfetti, Kamellenreste und Glasscherben sind in die großen Bäuche der Kehrmaschinen eingesogen und landen in der Müllverbrennung. Selbst die kunstvollen, großen Aufbauten auf den Rosenmontagszugwagen, die Arbeit von Wochen, landen im Container.

Am Aschermittwoch soll alles vorbei sein. Alles? Natürlich gehen die Karnevalisten nun nicht griesgrämig durch die Stadt. Fröhliche Menschen bleiben fröhlich. Doch nun sind sie nicht mehr jeck. Das verrückte Spiel ist aus. Die „verkehrte Welt" ist wieder richtig. Sie ist dann nicht immer schön. Doch sie hat wieder ihre vertraute Ordnung.

Was bedeutet „Karneval"?

Das Wort „Karneval" kommt aus dem Lateinischen und bedeutet „Wegnahme des Fleisches" (carnis = Fleisch, levare = wegnehmen). Die Fastenzeit war eine Zeit ohne Fleischgenuss. Auch der Begriff „Fastnacht" weist auf das Fasten hin. Karneval ist also das Fest am Abend vor dem Fasten. Der „Fast-Abend" = „Fastelovend" erweiterte sich im Laufe der Zeit zu „drei tollen Tagen". Heute ist daraus eine mehrwöchige Festzeit geworden, die an Aschermittwoch endet.

Wenn wir nun fasten, hat das weniger mit Essen als mit Denken zu tun. Uns vom Teller „das Fleisch wegnehmen" („carnis levare") ist kein großer Verzicht, wo es heute so viele andere leckere Angebote gibt. Aber wir könnten auf unsere Denk-Bequemlichkeit verzichten und nachdenken. Beispielsweise darüber, wie es wäre, wenn alle Menschen auf Dauer nur nach Lust und Laune lebten. Gerade nach den „tollen Tagen" haben manche die Nase vom Unsinn voll. Andere wiederum haben verstanden, dass Ordnung und Disziplin im „normalen Leben" kein Selbstzweck sein müssen. Gelegentlich muss darauf auch mal verzichtet werden. Solche Gedanken beschäftigen Menschen schon so lange, wie sie in Gemeinschaft leben. Erwachsene brauchen dafür manchmal einen Anstoß durch den Eintrag „Aschermittwoch" im Kalender. Kinder denken sowieso darüber nach.

Die Aufbauten der Wagen waren Kunstwerke für nur einen Tag.

Wie kommt

Köln zum Karneval?

Wer macht den Karneval?

Klar: Die Menschen machen Karneval. „Das Volk gibt sich selbst ein Fest", haben wir eben vom Dichter Goethe gehört. Schön und gut. Doch damit ist es nicht getan. Nur zu sagen „Komm, wir feiern", reicht noch nicht mal für eine Geburtstagseinladung aus. Erst recht nicht, wenn Klassen- oder Schulfeste veranstaltet werden sollen. Da gibt es viel zu überlegen: Welche Getränke wollen wir anbieten, wer besorgt sie, was dürfen sie kosten? Welche Musik wollen wir, wer spielt sie? Wollen wir ein bestimmtes Motto, wenn ja, welches? Wer baut mit auf, wer ab? Wer dekoriert, wer übernimmt welchen Stand? Und, und, und ... Du ahnst schon: Das gibt Arbeit. Das kann auch Ärger geben. Denn Meinungen und Geschmack sind nun mal verschieden. Das macht die Welt bunt, kann aber auch Chaos geben. Die Beteiligten müssen sich schon über ein paar Dinge einigen, wenn ein Fest gelingen soll. Meistens klappt das. Manchmal springen einige aber auch verärgert ab. So ist das bei Schulfesten, so kennen das deine Eltern vielleicht von Vereins- oder Straßenfesten. So ist das auch beim großen Volksfest Karneval.

Es gab Jahre im Kölner Karneval, da konnten sich die Menschen nicht einigen, wie sie das Fest feiern wollten. „Dann lassen wir es lieber ganz bleiben", hieß es. Im Kalender stand zwar „Karneval", aber einen Rosenmontagszug gab es nicht. „Wegen unüberbrückbarer Meinungsverschiedenheiten der närrischen Räte" fiel der Zug beispielsweise im Jahr 1833 aus. In anderen Jahren war man so zerstritten, dass die Sturköpfe der einen Meinung den Sturköpfen der anderen Meinung gegenüberstanden, mit der Folge, dass zwei getrennte Rosenmontagszüge durch die Stadt zogen. So war das 1844 und 1845. Da gingen die Freunde der „Großen KG" und die Freunde der „Allgemeinen KG" wortwörtlich getrennte Wege durch Köln. Jede Gruppe mit einem eigenen Motto.

Meistens bekamen die vom Karneval begeisterten Menschen ihre Interessen jedoch unter einen Hut. In den Jahren seit du, deine Eltern und Großeltern leben, gelang ihnen das eigentlich immer. Das fiel nicht allen leicht, und oft gab es vorher Krach. Doch bis heute

Ein großes Volksfest wie Karneval will gut vorbereitet sein. Gelingen die Anstrengungen, kann man vor Freude abheben (Postkarte Anfang des 20. Jahrhunderts).

raufen sie sich zusammen, weil sie wissen, dass es viel schlimmer ist, wenn sich gar keiner um ein Fest kümmert. Dann fällt nicht nur ein Höhepunkt wie der Rosenmontagszug aus. Sondern dann macht jeder, was er will. Dann entsteht, wie beim beliebigen Zusammenmischen aller Farben, eine unansehnliche grau-braune Brühe, die nicht leuchtet und nur noch stinkt.

Ein Festordnendes Comité wird gegründet

Vor rund zweihundert Jahren war der Karneval in Köln wie eine unappetitliche Brühe, ein chaotisches Fest. Grölend zogen Verkleidete durch die düsteren Gassen der heutigen Altstadt. Im Schutz der Maske zettelten manche Schlägereien an, einige stachen auch zu, und der Ton war mehr beleidigend als witzig. Einzelne Grüppchen amüsierten sich am ordinären Spaß. Besucher zogen sich verschreckt zurück und ein Gast aus Bayern, der Hofrat Klebe, berichtete zu Hause, „auf welcher niedrigen Stufe von Bildung und Geschmack das Volk von Köln noch steht." Das war nicht immer so.

1794 besetzten die Franzosen Köln und verboten zunächst den Karneval.

Wie kommt Köln zum Karneval?

Seit dem Mittelalter regelten bestimmte Vereinbarungen das Zusammenleben der Bürger. Doch diese alte Ordnung passte um 1800 nicht mehr in die Zeit. Sie war verbraucht, und die Menschen hielten sich immer weniger daran. Als 1794 nun eine fremde Besatzungsmacht, die Franzosen, Köln eroberte und das Sagen übernahm, löste sie die alten Regeln auf und setzte ihre eigene, neue Ordnung in der Stadt ein. Prompt verboten sie erst einmal dieses verrückte Fest Karneval. Aber Menschen lassen sich das Singen und Feiern nicht gern verbieten. Heimlich taten sie es doch, die feinen Leute in ihren Privaträumen, das einfache Volk in Kneipen und Winkeln ihres Veedels. Aber zum Gemeinschaftserleben eines großen Volksfestes konnte es so nicht kommen. Aus Sicht der Franzosen war Karneval primitiv, aber harmlos. Einen gegen sie gerichteten Aufstand der Jecken mussten sie nicht fürchten, und so ließen sie die Feiern 1799 wieder zu. Allerdings zeigten sich die rüpelhaften Cliquen jetzt noch dreister auf den Straßen.

Kultur- und heimatliebende Bürger kümmerten sich 1823 um den Weiterbau des Kölner Doms und um die Gründung eines Karnevalskomitees.

„So kann es nicht weitergehen", sagten sich im Winter 1822/23 etliche Kölner Bürger. Sie kamen aus angesehenen Kaufmanns- und Fabrikantenfamilien. Einige bekleideten öffentliche Ämter, andere waren Kunstsammler, Arzt oder Schriftsteller. Kurzum, es waren gebildete, überwiegend recht junge Männer (Frauen hatten im öffentlichen Leben damals noch keinen Platz). Sie waren nicht nur Freunde des Feierns, sondern auch der Künste. Vor allem liebten sie ihre Heimatstadt Köln. Deshalb lag ihnen außer Karneval auch der Kölner Dom am Herzen. Diese Ruine – von seinen spitzen Türmen war noch nichts zu sehen – sollte endlich fertig gebaut werden.

KARNEVAL – WIE GEHT DAS?

Das Festkomitee

Das Festkomitee des Kölner Karnevals von 1823 e.V. entstand aus dem „Festordnenden Comité". Dieses organisierte 1823 in Köln erstmals einen Rosenmontagszug.
Als Bürger mit Gemeinschaftssinn setzten sich viele Comité-Mitglieder auch für andere Aufgaben in der Stadt ein, zum Beispiel für die Vollendung des Doms.
Nach Kölner Vorbild wurden in vielen Städten Comités gegründet und Umzüge veranstaltet.

Als es auf die närrischen Tage des Jahres 1823 zuging, beschlossen einige dieser Herren: „Lasst uns den einst so schönen und berühmten Kölner Karneval wieder feiern! Aber ohne die schlimmen Auswüchse. Wir wollen dafür sorgen, dass es wieder ein schönes Fest wird." Sie gründeten einen Ausschuss, der sich um die Ausführung und Ordnung des Festes kümmern sollte. Ein „Festordnendes Comité" nannten sie es. Die Zeit dafür war gerade günstig. Denn die Franzosen waren inzwischen aus Köln abgezogen. Ihnen folgten preußische Soldaten und Beamte und übernahmen hier das Sagen. Ordnung und Disziplin fanden sie sehr wichtig.

Dieses Komitee (so schreibt man das Wort heute) tat nun das, was auch bei jedem Schulfest gemacht wird: Es bildete Unterabteilungen. Fünf davon gab es. Deren Aufgaben sind in einem Protokollbuch aus der Anfangszeit beschrieben: „Die eine hatte die Verzierung des Saales Gürzenich (zur Aufgabe), ... eine andere besorgte den literarischen und musikalischen Teil des Festes. Die dritte beschäftigte sich mit Dekorationsangelegenheiten ... Die vierte verwaltete die Finanzen. Die letzte endlich unterzog sich der Beschaffung der erforderlichen Wagen und Pferde." Im Grunde wird auch heute noch jedes Karnevalsfest so ähnlich vorbereitet. Ebenfalls wie bei einem Schulfest berei-

Bis heute ist der Kölner Gürzenich Schauplatz karnevalistischer Veranstaltungen.

Wie kommt Köln zum Karneval? 29

Auch die ersten Maskenzüge hatten schon ein Motto. Die Abbildungen von 1828 erzählen von der Idee einer Versöhnung aller Narren, jenen der alten und der neuen Zeit sowie jenen aus allen Ländern, auch aus fremden Erdteilen.

tete das Komitee nur das unmittelbar anstehende Fest vor. Am 10. Februar 1823, mittags, war es so weit: Der erste Rosenmontagszug zog durch Köln. „Maskenzug" hieß er in den ersten Jahren. Im Vergleich zu heute waren dessen Ausmaße natürlich winzig. Doch er blieb Vorbild für alle späteren Umzüge. Abends feierte man im Festsaal Gürzenich noch einen Maskenball. Damit war die Arbeit des ersten Karnevalskomitees auch schon getan. Drei Wochen später traf man sich am Sonntag noch mal zu einem Rückblick und ging dann auseinander. Das war übrigens ein besonderer Sonntag. Im Kirchenjahr heißt er Lätare, das bedeutet „Freue dich!" Die Menschen hatten Grund zur Freude, weil nun die Hälfte der Fastenzeit geschafft war. Die Rückbesinnung auf heitere Zeiten durfte gefeiert werden. In manchen Gegenden Belgiens ziehen am Lätare-Sonntag heute noch Karnevalsumzüge.

Eintrittskarte zu einem „Lätare-Essen"

Wie die Karnevalssitzung entstand

Der große Erfolg im ersten Jahr hatte die Kölner auf den Geschmack gebracht. Im nächsten Jahr sollte wieder ein Rosenmontagszug ausgerichtet werden. Wieder setzte sich ein „Festordnendes Comité" zusammen. Die meisten Herren kannten sich noch aus dem Vorjahr, einige blieben weg, andere kamen hinzu. So wiederholte sich das in den nächsten Jahren.

Inzwischen wusste man, wie viel Arbeit die Vorbereitungen für solch ein großes Fest machen. Zumal es immer größer wurde. Der Umzug wurde länger und ideenreicher, die Zuschauer wurden zahlreicher. Bald kamen sogar Besucher aus anderen Städten, um den Kölner Rosenmontag zu erleben. Die Vorbereitungsgruppe spürte die hohen Erwartungen, die an sie gestellt wurden, und meinte, es sei klüger, das „Festordnende Comité" nicht immer neu zusammenzustellen. Ein „Kleiner Rat" sollte sich auch während des Jahres treffen, um für den nächsten Februar vorzuplanen. Später wurde aus diesem harten Kern der „Elferrat". Dessen Mitgliederzahl war damals aber noch nicht festgelegt. Meist waren es mehr als elf Herren, die sich gerne auch „Lustiger Rat" nannten.

Johann Heinrich Franz von Wittgenstein bekleidete viele Ämter in Köln. Unter anderem war er Kölner Regierungspräsident und Gründungspräsident des Zentral-Dombauvereins. Mit 26 Jahren wurde er der „Erste Sprecher" (= Präsident) des Festordnenden Comités.

Die „lustigen Räte" wählten aus ihren Reihen einen so genannten Sprecher. Heute ist das der Präsident. „Erster Sprecher des Festordnenden Comités" wurde Johann Heinrich Franz von Wittgenstein. Er ist der Urahn aller nachfolgenden Präsidenten des heutigen „Festkomitees des Kölner Karnevals von 1823". Dass diese Bürger nicht nur Karneval im Kopf hatten, sieht man unter anderem daran, dass Herr von Wittgenstein auch der erste Präsident des „Zentral-Dombauvereins" war.

Nach Neujahr drängte die Zeit. Der Sprecher rief nun zu wöchentlichen Zusammenkünften, zu „Generalversamm-

Wie kommt Köln zum Karneval?

lungen", auf, um den Rosenmontag vorzubereiten. Diese Komitee-Sitzungen sollten nicht zu nüchtern und langweilig werden, schließlich ging es um ein lustiges, ein jeckes Fest. Also wurde das, was zu sagen war, in lustige Reden gekleidet und mit Witzen garniert. Obendrein wurde vergnügt gemeinsam gesungen. Die Karnevalssitzung war „erfunden".

Eigentlich war damit alles schon so angelegt, wie es auch heute noch bei Karnevalssitzungen üblich ist. Halt! Etwas fehlte noch: die Karnevalsmütze. Auch die sollte bald eingeführt werden. 1827 hatte einer der lustigen Räte, ein preußischer Generalmajor, eine Idee: Es würde doch das Zusammengehörigkeitsgefühl der „Generalversammlung" fördern, wenn alle ein gleiches Käppchen tragen würden. „Gleiche Brüder – gleiche Kappen" lautete der Slogan, mit dem Herr Baron von Czettritz und Neuhaus, so hieß der General, sofort die Zustimmung der jecken Herren fand.

Am 21. Januar 1827 trugen Mitglieder des „Kleinen Raths" (= Festkomitee) erstmals die neuen Narrenkappen.

Aus dem Festordnenden Comité wird das Festkomitee des Kölner Karnevals

Wenn man bedenkt, dass heute über hundert Karnevalsgesellschaften zum Festkomitee des Kölner Karnevals gehören, mag man sich kaum vorstellen, dass es anfangs nur einen einzigen Verein gab: das

Die Karnevalssitzungen

Karnevalssitzungen entstanden aus den „Generalversammlungen". Das waren lustige Treffen der Comité-Mitglieder, in denen sie den Rosenmontagszug vorbereiteten. Ein preußischer General hatte 1827 die Idee, dabei eine bunte Kappe als Zeichen närrischer Verbundenheit zu tragen. Heute hat jede Karnevalsgesellschaft ihre eigene Mütze, die in den Gesellschaftsfarben gestaltet ist und sich von Mützen anderer Gesellschaften unterscheidet. Mit der Mütze auf dem Kopf werden die Mitglieder schneller erkannt und zugeordnet.

Festkomitee selber. Eigentlich war es nicht mal ein Verein. Denn die Begriffe „Verein" und „Karnevalsgesellschaft" (KG) entstanden in ihrer heutigen Bedeutung erst in viel späteren Jahren. „Die Große von 1823" gilt als älteste Kölner KG, doch anfangs ist sie mit dem Festordnenden Comité identisch. Sie heißt auch die „Mutter aller Kölner Karnevalsgesellschaften". Sie brachte viele Nachkommen und Ableger hervor. Das klingt freundlich, bedeutet im Vereinsleben jedoch Ärger. Und der führt zur Abspaltung. Einige im Verein sind nicht zufrieden mit dem, was andere gut finden. Man kann sich nicht einigen. Aufgeben will aber auch keiner. Folglich treten die Unzufriedenen aus und gründen einen eigenen, neuen Verein. „Et jit Knatsch", wie man in Köln sagt. Wie wir eben gehört haben, konnte das schon mal zum Ausfall des Rosenmontagszugs oder zu zwei getrennt umherziehenden Zügen führen.

„Knatsch" ist zwar stressig, er kann aber auch neue Kräfte freisetzen. Der Karneval braucht diese ebenso wie der Sport oder die Politik. Auch neue Parteien entstehen oft durch Abspaltungen von alten. Als großes Volksfest reagiert der Karneval immer auch auf die Zeitumstände. Veränderungen in der „normalen Welt" beeinflussen auch das Spiel mit der „verkehrten Welt". Das Verhältnis des Karnevals zur Politik führt oft zu Streit. Beispielsweise wollen die einen die Politik veralbern, die anderen sich lieber gut mit den Politikern stellen. 1844, als in Deutschland die Macht in Händen nur weniger Könige und Fürsten lag, wollten einige Karnevalisten dies in Büttenreden anprangern. Die Macht sollte vom Volk ausgehen. Deshalb unterstützten sie die aufkommenden demokratischen Bestrebungen. Die Anhänger der alten Tradition in der „Großen KG" beschimpften die Demokraten als „Revoluzzer". „Spießer", riefen diese zurück. Für sie war Karneval nicht ein Fest für die Oberschicht, sondern eins für die Allgemeinheit. Sie traten aus der „Großen KG" aus und gründeten eine eigene Gesellschaft, die „Allgemeine KG". Aus einer Gesellschaft waren zwei geworden. Später wurden es vier, acht und so weiter. Über hundert sind es bis heute. Allerdings ging nicht jeder Gründung ein Krach voraus.

Sitzung der „Großen Kölner Karnevalsgesellschaft" im Saal der Lesegesellschaft, 1892. Karneval war damals reine Männersache.

Die Vertreter der unterschiedlichen Meinungen fanden im Laufe der Jahre meist an einen gemeinsamen Tisch zurück. Große KG und Allgemeine KG einigten sich beispielsweise auf einen Kompromiss und stellten im jährlichen Wechsel den Festkomitee-Präsidenten. Solche Regelungen wiederholen sich bei späteren Spaltungen. Hundert Jahre nach dem ersten Treffen eines Festordnenden Comités war die Anzahl der Karnevalsgesellschaften groß und unübersichtlich geworden. Die einflussreichsten acht unter ihnen verpflichteten sich 1922 in einem Dachverband auf das Einhalten bestimmter Regeln. Das war die zweite, die eigentliche Geburtsstunde des Festkomitees des Kölner Karnevals, wie wir es heute kennen. Es bündelt und vertritt die Ideen, Meinungen und Interessen aller ihm angeschlossenen Gesellschaften. Die sind oft so bunt und verschiedenartig wie ihre Vereinsfarben. Allen aber liegt der Kölner Karneval am Herzen. Deshalb konnte immer noch eine gemeinsame Basis gefunden werden. Die braucht es auch, wenn das Komitee seine Aufgaben erfüllen soll: die Repräsentanz des Kölner Karnevals nach außen, die Durchführung des Kölner Rosenmontagszugs, das Stellen eines Dreigestirns.

Die Aufgaben des Festkomitees des Kölner Karnevals von 1823 e.V.

Zu den wichtigsten Aufgaben des Festkomitees gehören:

- die Pflege und Wahrung der Tradition des Kölner Karnevals als Volksfest
- Unterstützung der karnevalistischen Jugend- und Nachwuchsförderung
- Unterstützung und Betreuung der Karnevalsgesellschaften
- Stellen eines Dreigestirns, dessen Betreuung und Ausrichten von dessen Proklamation
- Vorbereitung und Durchführung des Rosenmontagszugs
- Interessenvertretung des Kölner Karnevals gegenüber der Stadt und der Öffentlichkeit
- Darstellung und Verbreitung des Kölner Karnevals, unter anderem durch Rundfunk- und Fernsehübertragungen
- Bewahrung und Dokumentation der Karnevalstradition, unter anderem im Karnevalsmuseum

Abspaltungen und Neugründungen wird es auch zukünftig geben. Nicht immer geht es dabei um so Grundsätzliches wie bei der ersten großen Teilung 1844. Doch manchmal muss es erst zum Zerwürfnis mit dem Bestehenden kommen, ehe neue Impulse wirken können. Vieles, was heute als Bestandteil des Brauchtums vom Festkomitee vertreten wird, war anfangs verpönt. Ein Beispiel dafür ist die karnevalistische Großveranstaltung in der Kölnarena. In ihren Anfängen, als sie noch „Lachende Sporthalle" hieß, war dem Dreigestirn ein Auftritt dort verboten. Heute ist er bejubelter Programmpunkt. Und die Selbstverständlichkeit, dass in den Reitergruppen des Rosenmontagszugs auch Frauen zu finden sind, war bis vor wenigen Jahren noch undenkbar. Vielleicht ist es eines Tages auch keine allzu große Überraschung, wenn die Stunksitzungsleute im Festkomitee vertreten wären. Deren Kapelle „Köbes Underground" spielt außerhalb des Karnevals schon längst in den großen Sälen bei den so genannten feinen Gesellschaften.

Die Karnevalsgesellschaften

Das Festkomitee des Kölner Karnevals ist ein Zusammenschluss von über 100 Karnevalsgesellschaften. Es ist die Gesamt-Interessenvertretung der Gesellschaften. In ihr bilden sie eine Einheit. Viele Vereine entstanden aus Abspaltungen von anderen Vereinen. Die Verantwortlichen im Festkomitee und in den Gesellschaften arbeiten ehrenamtlich.

Karneval und Politik – zwischen Anpassung und Verulkung

Zwischen Karneval und Politik, Karnevalisten und Regierenden herrscht stets eine Spannung. In der eben beschriebenen Zeit um 1844 war es nahe liegend, dass die preußische Regierung ein Auge auf das Geschehen warf. Der Polizeipräsident entsandte Beobachter in die Karnevalssitzungen. Vor allem bei der „Allgemeinen KG" sollten sie genau mitschreiben, was über und möglicherweise gegen die Obrigkeit gesagt wurde. Es gab Zeiten, da mussten Büttenreden erst zur Genehmigung vorgelegt werden. Nicht alle fanden Zustimmung. Manche wurden als „ungeeignet" oder „schädlich" zensiert.

Solch eine politische Zensur ist für uns heute unvorstellbar. Es ist aber interessant, mal zu hören, auf welche Ideen gewitzte Redner kamen, um der Zensur ein Schnippchen zu schlagen. Die Wahrheit zu hören und Missstände angeprangert zu sehen, ist eine große Sehnsucht, die besonders in Zeiten der Unterdrückung auf den Karneval und die Volksbühne gerichtet wird.

Ein Sketch über den Kaiser

Als im Deutschen Kaiserreich zu Zeiten des Ersten Weltkriegs dem Volk besonders viele Opfer und Steuern abverlangt wurden, brachte die Millowitsch-Bühne folgenden Witz gegen Kaiser Wilhelm II. Dazu musst du wissen, dass zu jener Zeit über den Kaiser keine Witze gemacht werden durften. Er sollte verehrt werden. Viele Denkmäler von ihm waren aufgestellt, auch Büsten, das sind Abbildungen von Kopf, Hals und einem Stück Brustkorb, ohne Rumpf und Gliedmaßen.
Der anstößige Sketch ging so: Tünnes und Schäl stehen vor einer Büste Kaiser Wilhelms. Schäl stellt erstaunt fest, dass der Kaiser ohne Arme dargestellt wurde. „Sach, Tünnes, wo hät denn dä Kaiser sing Häng?" „Och, Schäl, dat weiß do nit? Dä hät sing Häng doch in ander Lücks Täsch." Tünnesdarsteller Wilhelm Millowitsch wurde daraufhin wegen Majestätsbeleidigung für einige Tage ins Gefängnis gesteckt. Er hatte damit den Kaiser als Geldausbeuter des Volkes beschimpft.
Das sprach sich in der Stadt herum. Nach der kurzen Haftstrafe war das Publikum gespannt, wie Millowitsch mit der Szene zukünftig umgehen würde. Würde er schweigen, oder würde er als Wiederholungstäter verschärften Arrest riskieren? Das Stück wurde wieder gespielt, die Stelle kam: „Sach Tünnes, wo hät denn dä Kaiser sing Häng?" „Och Schäl – do weiß et, ich weiß et, die Lück he em Saal wissen et – wat soll ich dofür noch ens in et Gefängnis jon?" Alle im Saal lachten. Doch Millowitsch war nicht zu belangen, er hatte ja „nichts" gesagt.

Wie kommt Köln zum Karneval? 37

Karnevalisten bekämpfen die Verhältnisse aber nicht nur mit Humor und kritischen Reden. Manchmal passen sie sich ihnen auch an oder unterstützen sie sogar. Das liegt daran, dass die Menschen im Karneval nicht nur Gelegenheit finden, die „echte Welt" in eine „verkehrte Welt" umzudrehen. Mit dem Fest haben sie auch die Möglichkeit, ihre normale Alltagswelt zum Glänzen zu bringen. „Idealisieren" nennt man das. Solche Jecken kritisieren also nicht, worüber sie sich das Jahr über ärgerten. Sie verulken nicht die Verhältnisse, sondern sie bejubeln sie. Manche möchten gerne selber im Dunstkreis der Mächtigen sein und hoffen, von diesen gesehen und geschätzt zu werden. Dazu bietet der Karneval besondere Gelegenheiten. Da kann man die Verehrung ohne die sonstige Scheu zeigen und ausschmücken. Ob die dann wirklich jeck sind?

Beispiele gibt es im Karneval für beides, für kritisches und für angepasstes Verhalten. So scherzten und frotzelten die Karnevalisten während des Kaiserreichs nicht nur gegen das Herrscherhaus. Manche verherrlichten es auch in Reden und Liedern. „Und wer ein Weiser, juble sich heiser; hoch lebe der Kaiser!" So etwas wurde auf Karnevalsveranstaltungen gesungen.

Als die Nationalsozialisten unter Adolf Hitler regierten (1933–1945), begannen einige Karnevalssitzungen mit dem Absingen des Liedes seiner Partei („Horst-Wessel-Lied"). Jüdische Vereinsmitglieder mussten ihre Karnevalsgesellschaft verlassen, ohne dass es große Proteste gegeben hätte. Und im Rosenmontagszug tauchten auch Wagenmotive mit Hetze gegen Juden auf. Andererseits wehrten sich Karnevalisten heftig dagegen, dass ihr Fest von den Nazis vereinnahmt wurde. Der Büttenredner Karl Küpper wagte es sogar, den Hitler-Gruß zu verulken. Er machte die dazu typische Bewegung des ausgestreckten rechten Arms. Doch als die ersten ihm – wie erwartet – ein zackiges „Heil Hitler" entgegenriefen, winkte er ab: „Nä! Su huh lit bei uns d'r Dreck em Keller." Damit machte er die

Der Karneval übt nicht nur Kritik an den Herrschenden. Manchmal passt er sich ihnen auch an. Beispielsweise gefiel den Nazis dieses gegen Juden gerichtete Wagenmotiv im Rosenmontagszug von 1938.

Der Büttenredner Karl Küpper wagte es, die Herrschenden zu kritisieren.

bekannte Geste lächerlich und rückte die Hitler-Anhänger in die Nähe von Drecksäcken. Das brachte ihm mal eine Verurteilung ein. Obwohl er sich „D'r Verdötschte" nannte, genoss er keine Narrenfreiheit.

Manchmal finden Menschen gerade in politisch sehr schweren Zeiten im Karneval eine Ermutigung. Als nach dem Zweiten Weltkrieg die Kölner Innenstadt völlig zerstört war, kam es den Überlebenden wie ein Zeichen aus einer anderen, fröhlicheren Welt vor, als an Rosenmontag einige Kostümierte mitten durch die Trümmer zogen. Als dann noch mit dem Lied „Am Dom zo Kölle" das einst so prächtige Stadtbild besungen wurde, gab es ihnen Kraft, an ein Weiterleben nach der Trümmerzeit zu glauben. Die Welt war deshalb noch nicht besser, aber im munteren Spiel war plötzlich eine Ahnung wach geworden, dass sie wieder einmal besser werden könnte. Es lohnte sich, weiterzumachen.

Spontane Kinderumzüge machen Hoffnung, dass die Welt auch unbeschwert sein kann (Gemälde von Heinz Kroh, 1939).

Wie kommt Köln zum Karneval?

Die Stadt lag noch in Trümmern, als am Rosenmontag 1949 eine „Erweiterte Kappenfahrt" durch Köln zog. Hier sind Gardisten der Prinzen-Garde zu sehen.

Als im Februar 1991 in der Golfregion im Nahen Osten ein Krieg stattfand, machten die Fernsehbilder der täglichen Bombenangriffe auch hierzulande den Menschen Angst. Aus Mitgefühl mit den Opfern und aus Angst vor Terroranschlägen im unübersichtlichen Narrentreiben wurden überall die Karnevalszüge abgesagt. Einzig in Köln fanden sich tausende von Jecken zu einem spontanen Umzug zusammen. Kostümierte auf Straßen und in Kneipen schunkelten gemeinsam mit Karnevalisten aus den Vereinen. Da wurden keine Kamelle und Strüssjer geworfen. Doch es wurde eine närrische Demonstration, die deutlich die Sehnsucht der Menschen nach Frieden zeigte.

Im Jahr des Golfkriegs, 1991, wurde Karneval zur Friedensdemonstration.

Typische Figuren

Soldatenkorps

Jecken lieben den Frieden. Und wenn sie nicht zu viel Alkohol getrunken haben, bleiben sie auch friedlich. „Knatsch" machen kennen sie. Aber Krieg führen ist nicht ihr Ding. Narren sind auch keine Helden. Wozu kämpfen, wenn man auch gemütlich beisammen sitzen kann? Statt aufeinander einzuschlagen, ist es doch schöner, gemeinsam zu scherzen, lachen, tanzen und trinken. Loss mer uns verdrage! Eigentlich denken Narren so wie Kinder. Die können auch nicht begreifen, dass Menschen sich gegenseitig Schaden zufügen wollen, anderen Land und Besitz wegnehmen und sich zum Herrscher über Schwächere aufschwingen müssen. Wenn Grundschulkinder schon mal über die große Weltpolitik diskutieren, sind Erwachsene manchmal verblüfft, deren Vorschläge zu hören. Wie einfach könnte mancher Konflikt gelöst werden, wenn beide Seiten nur etwas abgeben, einlenken und nachgeben würden. Wenn doch alle vom Machtgehabe und von der Gier nach Besitz und Ehre ablassen könnten. „Vertragt euch doch!", möchte man ihnen zurufen.

Aber auch Grundschulkinder merken, dass das mit dem Friedlichbleiben nicht immer so klappt, auch bei ihnen selber nicht. Und wenn die Menschen älter werden, merken sie erst recht, wie schwierig das mit den Konflikten schon in der kleinen Welt ihrer Stadt, der Familie, am Arbeitsplatz sein kann. Vom Frieden in der großen Weltpolitik erst gar nicht zu reden.

An Karneval, diesem verrückten Fest, benehmen sich die Erwachsenen noch mal so, als seien sie Kinder. Sie reden allerhand verrücktes Zeug und machen Bewegungsspiele wie einst im Kindergarten, etwa zum Lied „Die Vögelein vom Titicacasee". Und wenn sie an die große Politik denken, kommen Fantasien aus der Kinderzeit hoch, wie einfach doch ein friedliches Zusammenleben auf der ganzen Welt wäre. Man bräuchte keine Panzer und Gewehre, keine strammen Kämpfer und keine Helden. Gebraucht würden „Anti-Helden". Das wären Soldaten, die nicht scharf auf die Schlacht sind, sondern zum Feind sagen: „Kumm, loss mer eine drinke." Und wenn es wirklich mal brenzlig wird, nehmen sie lieber Reißaus.

Typische Figuren im Kölner Karneval

Die Roten Funken

In Köln gab es einst solche Anti-Helden. Das waren die ehemaligen Stadtsoldaten. Als eine Art Polizei sollten sie für Sicherheit in der Stadt sorgen. Vor allem bewachten sie die Stadtmauer mit ihren großen Einlasstoren. Das taten sie wirklich nicht heldenhaft. Dazu waren sie auch zu schlecht ausgebildet und ausgestattet. Sie zeigten auch wenig soldatischen Charakter. Statt zu exerzieren, hielten sie lieber ein Schwätzchen mit Kameraden oder gingen im Nebenerwerb einem Handwerk nach. Auch ihre Uniform in den Stadtfarben rot-weiß wirkte nicht gerade furchteinflößend. Am gefährlichsten sahen noch die kleinen Flammensymbole, die Funken, aus. Die waren auf den hochgeschlagenen Innenseiten ihrer Kampfröcke aufgenäht. Wehrhaft sah das alles nicht aus. Auch nicht der unpraktische hohe Helm. In dieser Aufmachung eigneten sie sich eher für die Pflege kleiner Gemüsegärtchen, die viele von ihnen tatsächlich nahe den Stadttoren unterhielten. Zum Lebensunterhalt hatten sie das bei ihrem sehr geringen Sold auch bitter nötig. Diese „Roten Funken" wurden von den Bürgern eher verspottet als respektiert. Was ihre Kampfqualitäten anging, dichtete man ihnen eine Geschichte an. Sie hätten einem Feind, der tatsächlich mal auf sie geschossen habe, zugerufen: „Sidd ehr bekloppt? Wie künnt ehr dann scheeße! He stun doch Minsche!" („Wie könnt ihr denn schießen, wo hier doch Menschen stehen!").

Selbst wenn ein solcher Spruch nur gedacht wird, gilt er schon als Höchstmaß an soldatischer Feigheit. Doch wie wäre das, wenn alle Soldaten so rücksichtsvoll denken würden? Dann gäbe es keine Kampfhandlungen. Mit solchen Soldaten ließe sich kein Krieg führen. Solche Gedanken machen sich Menschen vor allem, wenn sie unterlegen sind. Genau

Der Rote Funk war eher eine Spottfigur als ein kampfeswilliger Held. Im Gewehrlauf steckt statt Munition ein Blumensträußchen.

Jecken sind Anti-Helden. Bei einem spontanen Umzug 1991 kritisieren sie den Golfkrieg.

das waren die Kölner zu jener Zeit. Sie hatten ihre jahrhundertelange Eigenständigkeit verloren. 1794 mussten sie sich den Franzosen unterwerfen. Danach, ab 1815, hatten sie Befehlen der Preußen zu gehorchen. Die betrieben Soldatentum pur. Vorbei war es mit Gärtchen pflegenden, harmlosen Stadtsoldaten. Nun passierte etwas, was oft passiert, wenn etwas verloren geht. Im Nachhinein findet man das Vergangene besonders toll. „Nä, wat wor dat en Kölle met dä ahle Rude Funke doch genöglich! Schad, dat die Zick eröm es." Die Erinnerung verklärt das Gewesene. Und plötzlich passierte den einstigen Anti-Helden das, was auch Schlagersängern passieren kann: Als „Oldies" werden sie bejubelt und erfahren einen Zuspruch, den sie in ihren aktiven Zeiten nie hatten.

Mit den „Roten Funken" verband Köln sehnsuchtsvolle Erinnerungen an seine freie reichsstädtische Zeit. Da lag es nahe, dieses Stadtsoldatenkorps als „Straßentheaterspiel" wieder aufleben zu lassen. Die ideale Bühne dafür bot der erste Rosenmontagszug („Maskenzug") des neuen Comités im Jahr 1823. Man ließ ein Dutzend Funkenröcke nachschneidern und warb Männer an, die bereit waren, in diesen durch Kölns Straßen zu ziehen. Ihr Auftreten ließ Erinnerungen an noch gar nicht so lang verflossene Tage aufleben. Aus Uniformen waren Kostüme geworden, aus niederen Söldnern umjubelte Darsteller. Die Kölner waren begeistert.

Seit dem ersten Rosenmontags-(Masken-)zug sind die Roten Funken im Karneval vertreten. Hier die 12 Teilnehmer im Jahr 1825.

Zum „Stippeföttche" laden die Roten Funken gerne auch Vertreter anderer Korps ein.

Im nächsten Jahr wollte man die Truppe wieder im Rosenmontagszug sehen. Teils waren es die gleichen Männer, teils neue, die in die Uniform-Kostüme schlüpften. Bald waren die „Roten Funken" als die „wiederbelebten" Kölner Stadtsoldaten nicht mehr aus dem Karneval wegzudenken. Gleich zwei Fliegen hatten die Kölner nun mit einer Klappe geschlagen. Erstens blieb eine Erinnerung an die alte, große Zeit als Freie Reichsstadt lebendig. Zweitens konnte man der zackigen preußischen Verwaltungsmacht demonstrieren, dass Jecken nichts von militärischem Drill und Perfektionismus halten. Die geschichtsbewussten Preußen konnten noch nicht einmal etwas dagegen sagen. Schließlich handelte es sich um das Nachspielen stadtgeschichtlicher Tatsachen. Die schärfste Waffe des Karnevals hatte die Preußen geschlagen: der Humor.

Funkenkorps parodieren das Militär

Wenn Handlungen, die sonst sehr korrekt ausgeführt werden müssen, humorvoll und flapsig nachgespielt werden, nennt man das eine Parodie (Persiflage ist ein ähnlicher Begriff dafür). Sie lässt das Wichtige plötzlich lächerlich wirken. „Karnevalssoldaten" parodieren das Militär. Der Witz tritt umso deutlicher hervor, je perfekter die Parodie das Original aufgreift. Wer das Militär verulken will, muss also viel von ihm übernehmen. Somit legen die Korps, so heißen Karnevalisten in ehemaligen Soldatenuniformen, großen Wert auf Korrektheit ihrer Ausstattung. Auch Begriffe und Handlungen müssen stimmen. Umso überraschender und schräger wirkt die Parodie. Beispielsweise exerzieren die Korps mit dem Gewehr. Zunächst sieht das genauso aus, wie beim Wachbataillon der Bundeswehr, wenn dieses einen Staatsgast empfängt. Das Korps tritt an und der Wachführer brüllt Kommandos. Doch statt schneidig Haltung anzunehmen, stehen die Soldaten krumm in der Reihe. Einer hebt sein Gewehr im Zeitlupentempo nach oben, ein anderer lässt es gar fallen. Und was für Gewehre das sind! Sie sind aus Holz, und statt Munition stecken Blümchen im Lauf. Da wundert es schon nicht mehr, dass die Truppe auch noch tanzt, anstatt zu salutieren.

Ähnlich wie beim Staatsempfang ertönt auch ein „Präsentiermarsch". Im echten Leben ist das eine hoheitliche Zeremonie. Im Karneval ist es der Gipfel soldatischer Parodie. Denn die Truppe tut etwas, was unanständig wäre, wenn es nicht so lustig vorgeführt würde. Sie zeigt dem Publikum die Rückseite. Dann stellen sich jeweils zwei Funken Rücken an Rücken und tun so, als rieben sie Hintern an Hintern. Op Kölsch: Sie stippen Fott an Fott. Die Botschaft dieses „Stippeföttchens" wird verstanden: Das Militär kann uns mal …

Die Roten Funken waren die ersten, die das alte Soldatenleben humorvoll nachspielten. Ihre Art von Parodie, ihre Uniformierung, ihre Rangordnungen wurden Vorbild für unzählige Karnevalskorps, die ihnen folgten. Nicht nur in Köln. Es gibt kaum eine Stadt im Umland, in deren Karnevalszug nicht Korps und Garden mitziehen, die den Funken ähneln. Sogar in New York gibt es ein rot-weißes Funkenkorps! Einwanderer aus dem Rheinland haben es gegründet. Das milderte ihr Heimweh an den Karnevalstagen.

Stippeföttche

Mit „Stippeföttche" verulken die Stadtsoldaten („Funken") die Zeremonie militärischen Präsentierens. Das geht so: Zwei Funken stehen mit dem Rücken gegeneinander. Jeder stützt sich in hockender Haltung auf ein Holzgewehr („Knabbüß" = kölsches Wort für Knallbüchse) und streckt sein Hinterteil heraus. Sie „stippen et Föttchen erus". Zum Rhythmus der Musik (Funkenmarsch) tun sie so, als rieben sie ihre Gesäße aneinander.

Typische Figuren im Kölner Karneval

Seit 1870 gibt es ein zweites Funkenkorps: die Blauen Funken. Stets reiten sie an der Spitze des Rosenmontagszugs.

Aus Roten werden Blaue Funken

Die meisten Korpsgesellschaften entstanden durch Nachahmung der „Rut-Wießen us Kölle". Sie blieben das Urmuster. Manchmal sind aber auch hier Abspaltungen der Grund für die Korpsvermehrung. Auch bei den Roten Funken gab es gelegentlich Knatsch. Einer führte 1870 zur Gründung der heute nicht weniger bekannten „Blauen Funken".

Karneval und Politik haben, wie wir hörten, nie ein eindeutiges Verhältnis. In jener Zeit schwelgte das Land im Glanz von Kaiser und Vaterland. „Patriotismus" nennt man eine solche Haltung. Die Liebe zum Vaterland steht ganz oben, Kritik an ihm ganz unten. Erst recht, als 1871 ein neues deutsches Kaiserreich gegründet wurde. Nun gefiel es einigen Roten Funken nicht mehr, das Militär zu verulken. Sie wollten es lieber glorifizieren. Nach wie vor sollte das humorvoll und ohne Waffen geschehen. Aber statt den trantütigen Funk zu spielen, wäre es doch schöner, einen blinkenden Säbel an der Seite zu tragen. Auch lockte es, in glänzender Uniform, womöglich hoch zu Pferde, von den Frauen bewundert zu werden. Kurzum: Eine Gruppe Funken tat sich mit Gleichgesinnten des „Nationalen Clubs" zusammen und trennte sich von ihrem Korps. Doch Funken wollten sie bleiben. Also wählten sie blaue Uniformen und legten die roten ab. Im Gegensatz zum niederen Fußvolk der „Infanterie", das waren die Roten, spielten die Blauen Kanoniere, stolze „Artillerie". Eine riesige Kanone führen sie bis heute im Umzug mit. Natürlich zischen aus deren Mündung nur Kamelle und Konfetti.

Anders als die Roten präsentieren die Blauen Funken nicht die „Knabbüß" (Gewehr), sondern den „Zabel" (Säbel).

Die Traditionskorps des Kölner Karnevals

Zu den Roten Funken hatten sich im Kölner Karneval die Blauen Funken gesellt. Heute vertragen die sich prima. Doch Unterschiede bleiben. Beispielsweise tragen die Blauen keinen Helm wie die Roten, sondern einen Dreispitzhut mit Federbusch. Statt des Holzgewehrs präsentieren sie einen blank geschliffenen Säbel (dessen Spitze musste übrigens nach einer jüngsten Vorschrift im deutschen Waffengesetz nachträglich abgestumpft werden). Und bis heute blieb der schneidigere Exerzierstil ein Markenzeichen der Blauen. Forsch war auch ihr erster Auftritt im Rosenmontagszug. Kühn setzten sie sich an dessen Spitze. Es erfüllt sie mit Stolz, diese besondere Position bis heute beibehalten zu haben.

Ähnlich kess preschte eine andere Reitergruppe in ihrem Gründungsjahr, 1902, in den Rosenmontagszug. Sie ritt vor den Wagen von Bauer und Jungfrau und gab sich den Auftrag, diesen beiden Repräsentanten des Kölner Karnevals ein Ehrengeleit zu geben. Daraus wurde längst eine Tradition. Aus dem kleinen Reitertrüppchen wurde die „EhrenGarde der Stadt Köln". Grün und Gelb sind ihre Farben. Ohne eigene Ehrenwache blieb somit nur noch „Seine Tollität Prinz Karneval". Es ist nicht schwer zu erraten, was folglich bald geschah. Eine „Prinzen-Garde" gründete sich. Wiederum waren es ehemalige Rote Funken, die 1906 zur Gründungsversammlung mit nun nicht mehr rot-weißen, sondern weiß-roten Uniformen antraten.

Die Ehren-Garde stellt das Begleitkorps für Bauer und Jungfrau.

Typische Figuren im Kölner Karneval

Im Ersten Weltkrieg (1914–1918) hatte man bitter vorgeführt bekommen, dass Soldatenuniformen letztlich das Kostüm einer ganz und gar humorlosen, grausigen Wirklichkeit bleiben können. Als sich nach 1920 die ersten karnevalistischen Aktivitäten wieder regten, spürten die Männer vom Festkomitee, dass es mit weiteren Funkenkorps und Garden nun gut sein müsse. Sie fürchteten, dass trotz aller Parodie das Militärische im Erscheinungsbild des Karnevals überhand nehmen könnte. Manchmal sah das Bühnenbild beim Aufzug der Korps eher wie in einer Operette aus. Es ist verlockend, sich in einer schönen Uniform mit Orden und Ehrenzeichen so gut zu gefallen, dass darüber die Persiflage vergessen wird. Das ist menschlich – aber nicht karnevalistisch. Auch heute muss gelegentlich an den juxigen Auftrag erinnert werden, zu dem die Uniformen verpflichten. Wenn einer zum Leutnant oder gar General befördert wird, möge er sich seines hohen Ranges erfreuen. Er soll aber daran denken, dass es Ränge einer „verkehrten Welt" sind.

In der Zeit nach dem Ersten Weltkrieg beschloss das Festkomitee also, keine weiteren Korps oder Garden mehr zuzulassen. In der Tat ist keine Gruppe mit einem späteren Gründungsdatum als 1925 hinzugekommen. Jede der existierenden entwickelte inzwischen ein eigenes Profil und darf sich heute mit dem Ehrentitel „Traditionskorps des Kölner Karnevals" schmücken. Zurückzuführen sind sie im Grunde alle auf das Ur-Korps, die „Kölschen Funken rut-wieß vun 1823". Das gilt ebenso für die ungezählten Regimenter im weiten Narrenland. An welchen Besonderheiten ihrer Ausstattung, Uniformen, Aufgaben und Benennungen die Kölner Traditionskorps zu unterscheiden sind, wird in der folgenden Übersicht deutlich.

Gardeuniformen sind eine Parodie aufs Militär. Man kann sich aber auch selber darin gefallen. Dieser Prinzengardist umwirbt in voller Montur eine Dame.

Übersicht Traditionskorps

Kölsche Funke rut-wieß vun 1823 e.V.

● **Spitzname der KG** „Rote Funken" ist schon ein Spitzname für sich, ein Scherzname für die Stadtsoldaten. Jeder einzelne Funk erhält bei seiner Vereidigung einen persönlichen Spitznamen zugewiesen. Der spielt beispielsweise auf seinen Beruf an („Ferkesstecher" für Metzger, „Daachkall" für einen Dachdecker) oder stellt Eigenarten heraus. Der derzeitige Präsident, der für sein auffallend herzhaftes Lachen bekannt ist, heißt „Laachduv vun dr Ülepooz" (Lachtaube).

● **Farben** Rot und Weiß

● **Gründungsdatum** *(Bei allen Gründungsdaten werden die Jahreszahlen angegeben, die im Kölner Karneval für die Gruppe akzeptiert sind. Die Gründungsdaten im Sinne des Vereinsrechts können davon abweichen.)* 1823

● **Geschichtliches Vorbild** die Stadtsoldaten der Freien Reichsstadt Köln zwischen 1660 und 1794

● **Besonderer Auftrag** Erinnerung an die reichsstädtische Zeit und an die Mentalität ihrer Soldaten

● **Uniform** Kopie der Kölner Stadtsoldaten: weiße Hose, roter Waffenrock mit Flammensymbol (Funken) auf den umgeschlagenen Rockschößen. Gamaschen (lange schwarze Strümpfe) für die niederen Dienstgrade, Stiefel für die höheren. Hohe Helmmütze mit Kölner Wappen und gekreuzter Tonpfeife mit einem Hering (Essensnotration eines Funks), eingenähte Zopfperücke, Holzgewehr

● **Reit- und Fußgruppe** Fußgruppe als klassische „Infanterie" aufgeteilt in vier Abteilungen („Knubbel"). Im Rosenmontagszug gibt es auch eine Reiterabordnung der Roten Funken zu sehen.

● **Bezeichnung des Tanzpaars** Funkenmariechen und Funkendoktor

● **Gesellschaftsmarsch** Roter Funken-Marsch und -Tanz („Ritsch ratsch de Botz kapott")

● **Historisches Domizil** Ulrepforte am Sachsenring, ehemaliges Stadttor der Ulner (Töpfer), später Mühle in der mittelalterlichen Stadtmauer

- **Besonderheiten/Eigenarten** Älteste Korpsgesellschaft im Karneval, bereits im ersten Rosenmontagszug 1823 vertreten. Sie sind Urbild aller Karnevalskorps, die antimilitärische Exerzierformen (tanzen, statt stramm stehen, „Stippeföttche") pflegen, um den Militarismus der preußischen Ordnungsmacht zu persiflieren.

Kölner Funken-Artillerie blau-weiß von 1870 e.V.

- **Spitzname der KG** Blaue Funken; außerdem Spitznamen für die einzelnen Mitglieder wie bei den Roten Funken.
- **Farben** Blau und Weiß
- **Gründungsdatum** 1870
- **Geschichtliches Vorbild** als Abspaltung der Roten Funken kein eigenes Vorbild bzw. das gleiche wie diese, wenn auch in anderer Erscheinungsform
- **Besonderer Auftrag** ursprünglich Referenz an Preußen, später Persiflage auf das Militär
- **Uniform** Uniform der „Ansbach-Bayreuther Dragoner", blauer Waffenrock mit Flammensymbol (Funken) auf den umgeschlagenen Rockschößen. Gamaschen (lange schwarze Strümpfe) für die niederen Dienstgrade, Stiefel für die höheren. Dreispitzhut mit Federbusch und eingenähter Zopfperücke, Säbel
- **Reit- und Fußgruppe** Reiterkorps, bestehend aus drei Abteilungen, und Fußgruppe
- **Bezeichnung des Tanzpaars** Funkenmarie und Tanzoffizier
- **Gesellschaftsmarsch** Melodie von Reinold Fellenberg
- **Historisches Domizil** Sachsenturm (Funkenturm) am Kartäuserwall, in Resten der mittelalterlichen Stadtmauer
- **Besonderheiten/Eigenarten** Die Blauen verkörpern im Gegensatz zu den Roten Funken eher die zackigere Form einer Militär-Persiflage. In den Rosenmontagszügen reiten sie traditionell an der Spitze des Zugs.

EhrenGarde der Stadt Köln 1902 e.V.
- **Spitzname der KG** „Spinat mit Ei" (wegen der gelb-grünen Farben); die aktiven Mitglieder tragen neben ihren Dienstgraden so genannte Biernamen, lustige Anspielungen auf ihr Äußeres, ihre Hobbys oder ihren Beruf.
- **Farben** Gelb und Grün
- **Gründungsdatum** 1902
- **Geschichtliches Vorbild** die mittelalterlichen „Ehrengeleite" für hochstehende Gäste der Stadt (z. B. Einzug der Prinzessin Isabella, 1235), außerdem „Bürgerliche Compagnien" und „Garde d'honneur" der Franzosenzeit (z. B. beim Einzug Napoleons 1804)
- **Besonderer Auftrag** Ehrengeleit für Bauer und Jungfrau als komplettes Korps im Rosenmontagszug und Bereitstellung von Adjutanten bei den Saalauftritten

Uniform Ursprünglich dem Lützowschen Korps aus der Zeit der Befreiungskriege (1813) nachempfunden, heute eher eine Reiteruniform aus reichsstädtischer Zeit mit grünem Waffenrock im friderizianischen Stil, Stulpenstiefeln, Dreispitz mit Federbusch und eingenähter Perücke als Kopfbedeckung, Degen
- **Reit- und Fußgruppe** Die EhrenGarde ist ein Reiterkorps.
- **Bezeichnung des Tanzpaars** Regimentstochter und Tanzoffizier
- **Gesellschaftsmarsch** EhrenGardemarsch von Christian Reuter mit dem Korps-Aufruf „Rubbedidupp"
- **Historisches Domizil** Hahnentorburg am Rudolfplatz
- **Besonderheiten/Eigenarten** Die EhrenGarde ist das einzige reine Reiterkorps im Rosenmontagszug.

KKG Nippeser Bürgerwehr 1903 e.V.
- **Spitzname der KG** „Appelsinefunke", wegen ihrer orangefarbenen Uniform
- **Farben** Orange und Weiß
- **Gründungsdatum** 1903, Nachfolgegesellschaft der „Großen Nippeser KG von 1889"

- **Geschichtliches Vorbild** Im Namen bezog man sich auf die „Garde de la ville de Cologne". Weiteres Vorbild: die 1848 gebildete „Kölner Bürgerwehr", deren Kompanie am Eigelstein vermutlich die Farbe Orange hatte.
- **Besonderer Auftrag** Als „Stadtsoldaten von Nippes" prägen und unterstützen sie das karnevalistische Leben in dem ehemals selbstständigen Stadtteil.
- **Uniform** wie Rote Funken, statt Rot aber die Farbe Orange
- **Reit- und Fußgruppe** „Infanterie", im Rosenmontagszug aber auch mit Reiterabordnung
- **Bezeichnung des Tanzpaars** Tanzmariechen und Tanzoffizier
- **Gesellschaftsmarsch** Kochtanz und Büttenmarsch der Nippeser Bürgerwehr „Jo nur bei dä Bürgerwehr" von Toni Steingass
- **Besonderheiten/Eigenarten** Die KG vergibt seit 2000 jährlich die karnevalistische Auszeichnung „Goldener Kappes". Seit 1960 Eröffnung des Straßenkarnevals auf dem Wilhelmplatz in Nippes und Organisator des Nippeser Dienstagszugs.

Bürgergarde „blau-gold" von 1904 e.V.

- **Farben** Blau und Gold
- **Gründungsdatum** 1904, Vorläufer als „Große Cöln-Ehrenfelder KG" und „Allgemeine Ehrenfelder KG"
- **Geschichtliches Vorbild** preußische Regimenter des 18. Jh.
- **Besonderer Auftrag** Persiflage auf preußischen Militarismus sowie Repräsentanz des ehemals selbstständigen Stadtteils Ehrenfeld
- **Uniform** Rock in blau und gold, Gardisten mit Grenadierhelm, Gewehr, Säbel und Gamaschen, Offiziere mit Dreispitz, Degen und Reitstiefeln
- **Reit- und Fußgruppe** nur Fußgruppe

● **Bezeichnung des Tanzpaars** Mariechen und Tanzoffizier
● **Gesellschaftsmarsch** Lied von Ludwig Sebus („Ihrefelder Heimatleed")
● **Historisches Domizil** Blau-Gold-Turm in einer ehemaligen Ehrenfelder Fabrikanlage an der Venloer Straße
● **Besonderheiten/Eigenarten** Die KG ist Initiator des „Ehrenfelder Dienstagszugs" sowie des „Kinderdreigestirns", das sie seit 1965 betreut.

Prinzen-Garde Köln 1906 e.V.
● **Spitzname der KG** „Mählsäck" (Mehlsäcke), wegen der dominierenden Farbe Weiß in den Uniformen
● **Farben** Weiß-Rot
● **Gründungsdatum** 1906
● **Geschichtliches Vorbild** „Corps du Garde" – seit jeher gehörten repräsentative Leibgarden zur ständigen Begleitung europäischer Fürsten und Könige.
● **Besonderer Auftrag** Garde des Prinzen – ständige Begleitung des Prinzen Karneval. Das ist der Leitgedanke und das Ziel der Gründer der Prinzen-Garde.
● **Uniform** Weißer Rock mit roten Aufschlägen und Rabatten, weißen Gardelitzen und Gamaschen, teils preußischen, teils österreichischen Mustern nachgebildet. Kopfbedeckung des Fußkorps ist eine Grenadiermütze mit Kölner Wappen im Stern.
● **Reit- und Fußgruppe** ursprünglich als Fuß- und Reiterkorps gegründet, heute auch Reservekorps und Corps à la suite
● **Bezeichnung des Tanzpaars** Regimentstochter und Tanzoffizier
● **Gesellschaftsmarsch** Prinzen-Garde-Marsch von Paul Mania
● **Historisches Domizil** Prinzen-Garde Turm am Sachsenring – ein Überbleibsel der mittelalterlichen Stadtmauer
● **Besonderheiten/Eigenarten** Ähnlich wie bei den Blauen Funken erfolgen die Kommandos und das Präsentieren weniger pa-

rodistisch, sondern eher zackig militärisch. Die Prinzen-Garde sieht sich als eine Gesellschaft „mit Rang und Namen".

Altstädter Köln 1922 e.V.

- **Farben** Grün und Rot
- **Gründungsdatum** 1922 als Familiengesellschaft „Fidele Altstädter" im Brauhaus Lölgen, Hohe Pforte (Bereich Waidmarkt)
- **Geschichtliches Vorbild** Leibgarden zur Zeit des Kölner Erzbischofs und Kurfürsten Clemens August (18. Jh.)
- **Besonderer Auftrag** Persiflage auf das Militär
- **Uniform** grün-rote Uniformen im Stil der Kurkölnischen Miliz
- **Reit- und Fußgruppe** Fuß- und Tanzkorps, Reiterkorps, berittene Musik- und Fanfarengruppe
- **Bezeichnung des Tanzpaars** Tanzmarie und Tanzoffizier
- **Gesellschaftsmarsch** Lied von Gerhard Jussenhoven, mit der Zeile „Die Hüsjer bunt om Aldermaat"
- **Historisches Domizil** Casino am Alter Markt
- **Besonderheiten/Eigenarten:** Seit 1953 verantworten sie die Auftaktveranstaltung zum Straßenkarneval an Weiberfastnacht auf dem Alter Markt.

Reiter-Korps „Jan von Werth" von 1925 e.V.

- **Farben** Grün und Weiß
- **Gründungsdatum** 1925
- **Geschichtliches Vorbild** Reitergruppen aus dem Dreißigjährigen Krieg
- **Besonderer Auftrag** Gesellschaft zur Pflege des Kölner Brauchtums und der altkölnischen Tradition um Jan von Werth und seine Reiterschar
- **Uniform** grün-weiße Musketieruniformen, hohe Reiterstiefel, Degen (Zabel)

- **Reit- und Fußgruppe** vier Schwadrone (Tanz- und Reservekorps, Feldkorps, Reiterkorps, Dragoner-Artillerie-Korps)
- **Bezeichnung des Tanzpaars** Marketenderin und Tanzoffizier
- **Gesellschaftsmarsch** schwerer Reitermarsch, Jan-von-Werth-Marsch (Tanz des Tanzpaares)
- **Historisches Domizil** Kasino in der Thieboldsgasse
- **Besonderheiten/Eigenarten** Erforschung der Historie von Jan von Werth und Nachspielen der volkstümlichen Sage von „Jan und Griet" am Severinstor an Weiberfastnacht

Treuer Husar Blau-Gelb von 1925 e.V.
- **Spitzname der KG** Husaren
- **Farben** Blau und Gelb
- **Gründungsdatum** 1925
- **Geschichtliches Vorbild** berittene Husarenkorps
- **Besonderer Auftrag** Erinnerung an die legendäre Titelfigur des Liedes „Es war einmal ein treuer Husar"
- **Uniform** Husarenuniform
- **Reit- und Fußgruppe** Reiterkorps und Fußgruppe
- **Bezeichnung des Tanzpaars** Tanzmariechen und Tanzoffizier
- **Gesellschaftsmarsch** „Der treue Husar", ursprünglich eine aus Österreich stammende zarte und traurige Ballade vom „roten Husar" im Walzer-Takt. Heinrich Franzen schuf daraus das bekannte Marschlied „Es war einmal ein treuer Husar".
- **Besonderheiten/Eigenarten** Das Korps ist das Vorbild vieler Karnevalsvereine (auch im Umland), die in vielfarbigen Husarenuniformen (grüne, gelbe, rote Husaren) an die Legende vom Husaren erinnern, der in den Krieg ziehen musste, während sein „Liebchen" in der Heimat starb.

Typische Figuren im Kölner Karneval

Funkenmariechen

Für die Tanzpaare der Korps gibt es verschiedenartige Bezeichnungen. Das mag alle verwundern, die bislang glaubten, alle Tänzerinnen im Karneval hießen Funkenmariechen. Doch dieser Name ist den Funkenkorps vorbehalten. Eigentlich könnte es egal sein, wie sie heißen. Im Mittelpunkt stehen die charmanten jungen Frauen sowieso, wenn ein uniformierter Männerbund im Saal oder auf der Straße auftritt. Weil die Rolle bei den Roten Funken zum ersten Mal auftrat, und weil Marie damals ein so geläufiger Frauenname war, wurde die „Funkenmarie" später zu einem Oberbegriff im Karneval.

Anfangs war es wirklich eine „Marie". Das verniedlichende „...chen" kam erst später hinzu, als die Rolle tatsächlich von tanzbegabten jungen Frauen dargestellt wurde. Ursprünglich schlüpfte nämlich ein Mann in das Kostüm. Das sah natürlich längst nicht so charmant aus, wie es heute mit dem kurzen Röckchen, den Stiefeln und dem weißen Rüschenhöschen wirkt. Das war aber auch nicht nötig. Denn erstens wurde noch gar nicht getanzt und zweitens war die geschichtliche Herkunft der „Marie" alles andere als fein und lieblich. Sie war eine mit den früheren Kriegstruppen umherziehende Händlerin, oftmals die einzige Frau im wüsten Soldatenhaufen. „Marketenderin" hieß ihre Berufsbezeichnung. Bei ihr konnten die angeheuerten Söldner ihren Lohn (Sold) gegen Waren eintauschen, manchmal auch gegen Liebesdienste. Sehr begehrt war Alkohol. Im Rausch vergaßen die Männer zeitweise das raue Leben und die Angst vor der Brutalität der Schlachten. In Erinnerung an die Marketendrinnen ist ein winziges Branntweinfässchen heute noch am Gürtel vieler Funkenmariechenkostüme zu sehen.

„Mutter der Kompanie" zu sein, war ursprünglich also keine ruhmreiche Rolle. Aber wenn man das Leben der früheren Truppen möglichst echt nachspielen wollte, brauchte man auch eine Marketenderin. Außerdem gab es eine Menge Jux, wenn ein Mann in Frauenkleidern so tat als ob. Denn das war klar: Dargestellt werden konnte diese Figur nur von einem Mann. Alle Rollen im öffentlichen Leben, so auch im Karneval, wurden damals von Männern übernommen. Bei der Repräsentation der Kölner Jungfrau hat sich das bis heute so gehalten.

Zu Beginn des letzten Jahrhunderts wurde die Rolle des Mariechens noch von Männern gespielt (hier: Heinz Waegelein, die „Marie" der Prinzen-Garde 1908-1910).

58 KARNEVAL – WIE GEHT DAS?

Seit 1936 werden die Funkenmariechen von jungen Frauen dargestellt.

Der Übergang von der herben Marie zum grazilen Mariechen begann mit den 1890er-Jahren. Da wird berichtet, dass die Marketenderin tanzt. Das sah längst nicht so gekonnt wie heute aus. Doch nach und nach entwickelten sich immer mehr Tanzschritte bis zu einem bescheidenen Paartanz des „Funkendoktors" mit seiner „Marie". 1933 kamen die Nazis an die Macht. Die sahen deutsche Männer lieber in der Rolle von harten Soldaten. Ein Männertanz gefiel denen überhaupt nicht. Der erinnerte außerdem an Schwule, und die wurden von den Nazis verfolgt. Die Regierung konnte ungemütlich werden, wenn man sich mit ihr anlegte. Wollte der Kölner Karneval nicht riskieren, verboten zu werden, gehorchte man besser. Folglich wurden Funkenmariechen ab 1936 von Frauen dargestellt. Auch für die Kölner Jungfrau traf das 1938 und 1939 zu.

Nach dem Zusammenbruch des Nazireichs, 1945, gab es wieder die Freiheit, karnevalistische Rollen so zu besetzen, wie man wollte. Die Rolle der Jungfrau ging auch sofort wieder auf einen Mann über. Bei den Funkenmariechen hätte man auch zur Tradition der Männerrolle zurückkehren können. Doch inzwischen war etwas geschehen, das offenbar wirksamer als die Tradition war. Denn die jungen Frauen in den koketten Mariechenkostümen gefielen dem Publikum außerordentlich gut. Gekonnter und charmanter sahen die Tänze aus, wenn im Ballett erfahrene Mädchen sie an der Seite eines Tanzoffiziers vollführten. So blieb es bei der weiblichen Besetzung. Der Perfektionismus, mit dem die Tanzpaare heute über die Bühne wirbeln, hat mit den bescheidenen Tanzschritten von früher ebenso wenig zu tun wie ein „Mariechen" mit einer einstigen „Marketenderin". Es konnte allerdings sehr lustig sein, wenn ein unbeholfener, womöglich auch noch korpulenter Mann „Mariechen" spielte. Die KG UHU pflegt mit ihrem bäuerlichen, schlichten Tanz als einzige Gesellschaft in Köln noch diese Parodie. Ein schwergewichtiger Mann spielt Mariechen und stemmt den Tanzoffizier in die Höhe. Die reine Männertruppe parodiert damit also die heutigen Funken-Tanzpaare.

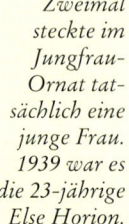

Zweimal steckte im Jungfrau-Ornat tatsächlich eine junge Frau. 1939 war es die 23-jährige Else Horion.

„Mariechen flieg!" – Akrobatische Tanzgruppen

Neben den Tanzpaaren der Traditionskorps gibt es viele weitere Tänzer auf den Karnevalsbühnen. Die Solistinnen tragen verschiedenartige Fantasienamen wie „Kajütenmaus", „Kathrinchen", „Stewardess" und viele mehr. Auswärtige nennen auch sie oft Tanz- oder Funkenmariechen. Doch mit den Tänzerinnen der Funken- und Gardekorps sind sie nicht vergleichbar. Was da unter Namen wie beispielsweise „Winzerinnen und Winzer", „Kammerkätzchen und Kammerdiener", „Schefferjunge", „Luftflotte", „Höppemötzjer", „Zunftmüüs", „Rheinveilchen" oder „Cheerleader" in die Säle hineinwirbelt, sind eher Akrobaten und Akrobatinnen. Bei ihren atemberaubend effektvollen und perfekten Aufführungen vergisst das Publikum leicht, dass alle auf der Bühne Amateure sind. Keiner ist Profitänzer. Sie gehen verschiedenen Berufen nach und üben, üben, üben in ihrer Freizeit, damit sie während der Karnevalssession topfit in die Säle ziehen können. Manchmal tun sie das vier, fünf, sechs Mal an einem Abend. Sie opfern Zeit und Schweiß und bekommen Spaß und Anerkennung zurück. Manchmal auch Blumen, Getränke, Orden und stets einen Riesenapplaus. Reich werden kann damit keiner. Aber Unkosten muss auch keiner aus eigener Tasche bezahlen. Das Geld für Kostüme, Trainer, Busfahrten und vieles mehr spielen sie mit ihren Auftrittsgagen ein. Ansonsten unterstützt sie eine Karnevalsgesellschaft. Fast alle gehören zu einer KG und sind dann deren „Aushängeschild". Mit der unternehmen sie das Jahr über auch Fahrten und andere

Funkenmariechen

Das Funkenmariechen ist die einzige Frauenrolle im Funkenkorps. Diese Rolle hatte früher die Marketenderin. Das war eine Händlerin, die die umherziehenden Söldnerheere versorgte. Daran erinnert das Branntweinfässchen am heutigen Kostüm des Mariechens. Bis 1936 wurde die Rolle von Männern dargestellt. Funkenmariechen heißen die Tänzerinnen nur bei den Funken. Doch außerhalb Kölns wurde der Name zum Oberbegriff für tanzende junge Frauen in der Uniform einer Karnevalsgesellschaft. Tanzpartner des Mariechens ist der „Funkendoktor" oder „Tanzoffizier".

60 KARNEVAL – WIE GEHT DAS?

„Kammerkätzchen und Kammerdiener" (links) und „Hellige Knäächte un Mägde" gehören zu den beliebten Tanzgruppen, die akrobatisch über die Bühnen wirbeln.

Freizeitveranstaltungen. Und wenn eben von manchem Krach im Karneval zu lesen war, soll nun aber erwähnt werden, dass in einer Karnevalsgruppe schon manche Freundschaft und sogar Ehe geschlossen wurde.

Die Tänze dieser Gruppen haben längst ihre anfänglichen Formen – Choreografie heißt das in der Fachsprache – verlassen. Seit den 1960er-Jahren wurden aus schlichten Reigen und Volkstänzen temporeiche Choreografien mit Hebefiguren, Menschenpyramiden, Sprüngen und Überwürfen. Da muss jeder Griff sitzen. Es ist erstaunlich und spricht für die Qualität der Gruppen, dass selbst auf den sehr engen Bühnen kaum mal eine Nummer ernsthaft verunglückt. Gefährlich ist das schon – aber auch toll anzusehen.

Mehrere Tanzgruppen unterhalten eine eigene Kinder- und Jugendgruppe. Wie es da zugehen kann, erfährst du im Kapitel „Wie Kinder Karneval feiern können".

Warum ein Dreigestirn?

Viele Begriffe des Karnevals wie Festordnendes Comité, Traditionskorps oder Funkenmariechen haben wir schon geklärt. Es wird Zeit, die wichtigsten Repräsentanten des Kölner Karnevals vorzustellen: Prinz, Bauer und Jungfrau. Sie bilden das Kölner Dreigestirn.

Das Dreigestirn herrscht eine Session lang im Kölner Narrenreich. Ihre Ornate sind traditionell ebenso festgelegt wie ihre Aufstellung. Das Publikum sieht links neben dem Prinz immer die Jungfrau, rechts stets den Bauern.

Herrscher im Narrenreich

An der Spitze jedes Staates steht ein Mensch. Wird er gewählt, heißt er meistens Präsident oder Präsidentin. Wird die Spitzenstellung vererbt, heißen sie König oder Königin. In Demokratien (das sind Staatsformen, in denen das Volk wählt, wie beispielsweise in Deutschland) wie in Monarchien (da, wo vererbt wird) besteht der Wunsch, einen obersten Repräsentanten zu haben. Nicht immer muss der viel Macht haben. Könige und Präsidenten im heutigen Europa haben meistens wenig Macht. Die liegt eher bei den politischen Parteien. Präsidenten und Könige sollen in erster Linie repräsentieren. Die Menschen wollen das Gefühl haben, dass es einen ersten Mann oder eine erste Frau im Staate gibt. Denen wollen sie vertrauen. Die sollen das Volk vertreten. Auf die wollen sie auch verweisen, wenn die Obersten anderer Staaten das Land besuchen. Denn denen will man ja eine Adresse sagen können und jemanden, der sie empfängt. Weil die Menschen ihr Land in ein gutes Licht gerückt sehen möchten, nennen sie dem fremden Gast natürlich nicht eine Elendshütte als Besuchsadresse. Selbst wenn es im eigenen Land viel Elend gibt, wird stets ein edles Gebäude gefunden, in dem der Gast prächtig empfangen und fürstlich bedient wird. Bei Königen ist das ein Schloss, früher war es eine Burg. Man ist „bei Hofe". Dort glänzt es. Fallen davon Strahlen auf das Leben des Volkes, ist es stolz auf sein Herrscherhaus.

Was hat der Vergleich mit Staaten mit unserem Dreigestirn zu tun? Auch die Jecken haben einen Staat. Das heißt sie tun so. Sie spielen Staat und gründen ein Narrenreich. Das hat keine festen Grenzen, aber andere Gesetze und andere Regeln. Es steht im Gegensatz zur normalen Welt, es ist das Reich der verkehrten Welt. Nicht Vernunft, Geld und Macht sollen hier herrschen, sondern Unvernunft, Humor und Lachen. Nicht Ernst und Not, sondern Spaß und Üppigkeit sollen das Leben bestimmen. Damit das Spiel perfekt wirkt, soll auch im Narrenreich an der Spitze ein Repräsentant stehen. Keine „Majestät", sondern eine „Tollität" (toll bedeutete früher so viel wie „verrückt", also „jeck"). „Narrenherrscher", „Fürst der Freude", „König Karneval" sind weitere Ausdrücke für die erste Person im Narrenstaat. Heute heißt sie „Prinz Karneval". Der Prinz residiert während der Session mit seinem Gefolge, dem Hofstaat, in einer „Hofburg". In Köln ist das ein feines Hotel, auf dem Dorf (dort gibt es natürlich auch Karnevalsprinzen) ist das manchmal nur die Ecke einer Kneipe. Wie gesagt, man spielt ja nur Narrenfürst.

Der erste „Prinzenwagen" steht als Nachbau im Karnevalsmuseum. Als „Held Carneval" wurde Emanuel Ciolina Zanoli darin 1823 durch die Straßen Kölns gefahren.

Prinz

In den ersten Jahren nach der Kölner Comitégründung von 1823 hieß der Narrenregent „Held Carneval". Im Kölner Karnevalsmuseum siehst du ihn in einem Königsgewand nachgebildet. Nach 50 Jahren aber war das Wort „Held" kein lustiger Begriff mehr. Denn nach dem deutschen Sieg im Deutsch-Französischen Krieg 1870/71 setzte eine echte „Heldenverehrung" ein. „Held" sollte nur noch ernsthafte Verehrung bedeuten. „Prinz" war ein Wort, das keinem wehtat. Es verulkte auch nicht – darauf wurde Wert gelegt – den neuen deutschen Kaiser. Diese Bezeichnung hat sich gehalten und verbreitet. Heute gibt es in ganz Deutschland einige hundert Prinzen in jeder Karnevalssession.

Typische Figuren im Kölner Karneval

In fast allen „Narrenreichen" steht dem Prinz Karneval eine Prinzessin zur Seite. In den Anfängen des Kölner Karnevals gab es auch eine Prinzessin. „Prinzessin Venetia" hieß sie. Die zog aber nicht mit dem „Held" gemeinsam im Rosenmontagszug, denn sie hatte eine ganz andere Bedeutung. Sie stellte nicht die Frau des Prinzen dar, sondern eine Herrscherin aus einer anderen Region, aus Venedig. Wenn die beiden einen Flirt anfingen, dann ging es nicht um die erotische Annäherung von Mann und Frau (die „Venetia" wurde damals ohnehin von einem Mann dargestellt), sondern man wollte zeigen, dass der Süden (Italien, Venedig) und der Norden (Deutschland, von hier stammt der Held) sich im Reich des Frohsinns vereinen. Das wurde wie ein Schauspiel inszeniert.

In Düsseldorf blieb die Rolle der „Venetia" (heute von Frauen gespielt) erhalten. In Köln gibt es sie nicht mehr. Geblieben ist eine andere Frauenfigur, und nach wie vor wird sie von einem Mann dargestellt: die Jungfrau.

Als Fritz Hönig 1875 Narrenherrscher war, nannte er sich schon „Prinz". Das Prinzengewand sieht aber völlig anders aus als heute. Erst seit 1936 ist es gleichbleibend.

Der Bankier Simon Oppenheim stellte im Maskenzug 1824 die „Prinzessin Venetia" dar.

Die Carnevals Fürstinn Venetia in Cöln 1824.

Bauer

Seit ungefähr 1570 wurde die Jungfrau an der Seite einer anderen wichtigen Kölner Symbolfigur abgebildet. Mit ihr blieb sie durch den Karneval bis heute als „Zweierpack" erhalten: der Kölner Bauer. Schau dir sein Kostüm an, und du erkennst, dass der nicht gerade wie ein einfacher Bauer aussieht. Der Kölner Bauer ist kein Landwirt im heutigen Sinne. Ausgerüstet mit Kettenhemd, Handschuhen und Beinschutz wirkt er stark und wehrhaft. Das musste er auch sein. Denn er hatte im Mittelalter die Verteidigung der Stadt zu verantworten. Er bewachte die Stadttore, damit die „Jungfräulichkeit" der Stadt erhalten blieb. Zum Zeichen trägt der Bauer im Karneval eine Nachbildung der großen Schlüssel für die Stadttore an seinem breiten Ledergürtel. Der Dreschflegel in seiner linken Hand wirkt eher als Waffe denn als landwirtschaftliches Gerät. So war das auch gemeint. Du darfst dir in der mittelalterlichen Wirklichkeit noch Schwert und Schild dazu denken. An der Eigelsteintorburg ist ihm mit voller Montur ein Denkmal gesetzt.

Natürlich war auch mit dem Bauern nicht eine bestimmte Person gemeint. Wie hätte ein Einzelner die Stadt verteidigen sollen? Die Bauern insgesamt, der Bauernstand, waren zur Verteidigung ausersehen. Nicht nur in Köln, sondern in allen damaligen freien Reichsstädten sollte das so sein. Köln (innerhalb der Stadtmauern lebten tatsächlich viele Bauern) war mit drei weiteren Reichsstädten vom Kaiser dazu auserwählt worden, den „Reichsbauernstand" zu repräsentieren. Das war also ein weiteres ehrenhaftes Vorrecht, das Köln gerade verloren hatte, als 1823 das Festordnende Comité gegründet wurde. Da lag wieder der Gedanke nahe: „Rein mit der Figur des Bauern in unseren Maskenzug!" Schon im dritten Jahr, 1825, wird er in der Zugordnung erwähnt. Dort blieb er mit Unterbrechungen, später Seite an Seite mit der Kölner Jungfrau.

Jungfrau und Bauer haben also von Anfang an mehr miteinander zu tun als mit dem Prinzen. Von dem getrennt ziehen sie auch heute noch auf einem eigenen Wagen im Rosenmontagszug. In den Sälen treten sie allerdings gemeinsam auf, wie sie auch sonst viel zusammen machen. Um ein gutes Dreigestirn zu verkörpern, sollten die drei sich auch im echten Leben gut verstehen. Denn ein Ses-

Typische Figuren im Kölner Karneval

Wehrhaft steht der Bauer als steinerne Symbolfigur der Stadtverteidigung in der Eigelsteintorburg. Am Arm trägt er die Schlüssel zu den Stadttoren.

sionsprogramm ist nicht nur spaßig. Es ist auch sehr anstrengend. Mehr als 300 Termine, oft ein Dutzend und mehr am Tag, haben die drei zu bewältigen. Überall werden sie jubelnd empfangen. Da wollen sie natürlich frisch und fröhlich auf die Bühnen ziehen, die Gäste begrüßen und Freude ausstrahlen. Verteidigen müssen sie die Stadt auch nicht mit dem Dreschflegel. Das tun sie heute mit Humor. Deshalb genügt es, wenn das Kettenhemd des Bauern eigentlich nur aus Stoff besteht. Schwer genug bleibt es trotzdem.

Das imponierendste Teil des Bauernornats ist der Hut. Der ist als Erstes zu sehen, wenn sich die Saaltüre öffnet und das Dreigestirn aufzieht. Mehr als hundert Pfauenfedern sollen auf ihm stecken. Der Pfau ist ein kostbares, „königliches" Tier. Wenn er ein Rad schlägt, hinterlässt das einen majestätischen Eindruck. Ein Rad hat weder Anfang noch Ende, es ist somit ein Symbol für die Unendlichkeit, auch Unsterblichkeit. Du ahnst schon, wie das zu Köln als bedeutender und großer Stadt des Mittelalters passt: Der Bauer verteidigt nicht nur die „Jungfräulichkeit", die Uneinnehmbarkeit der Stadt. Er garantiert auch ihr ewiges Bestehen in unsterblicher Schönheit.

Was heute so gar nicht zur stolzen Aufgabe und zum prächtigen Gewand des Bauern passt, ist sein Image als tollpatschiger Bauer, als Boor vum Land. Die wird ihm zugespielt, wenn er bei Auftritten mit dem Lied begrüßt wird „Op dem Maat ston die Boore". Und über noch etwas wirst du nach so viel Kölner Geschichte vielleicht nachdenken. Das sind die Nachahmungen von Dreigestirnen im Kölner Umland. Wenn Städte wie Brühl, Bergisch Gladbach oder Bergheim Dreigestirne proklamieren, dann hat das mit ihrer Geschichte überhaupt nichts zu tun. Sie spielen dann allenfalls Köln nach. Spielen allerdings darf man in der jecken Welt bekanntlich alles.

Jungfrau

Jungfrau ist ein altmodischer Begriff für eine Frau, die sich noch mit keinem Mann eingelassen hat. „Sie ließ sich nicht erobern", sagen diejenigen, für die Beziehungsaufnahme Kampf ist. So zu reden klingt bei Menschen nicht schön. Es trifft aber genau, was mit der Jungfraurolle ausgedrückt werden soll: die Unversehrtheit der Stadt. Köln wurde nie im Kampf erobert. Köln blieb „jungfräulich". Vor allem die mächtige Stadtmauer verhinderte, dass fremde Mächte eindringen konnten. In Erinnerung daran trägt die Jungfrau im Karneval eine Krone mit breiten Zacken, die die „Zinnen" auf der Stadtmauer andeuten. Über 600 Jahre hatte diese Verteidigungsanlage Köln umzogen. In dieser stolzen Kölner Zeit wurde die „Jungfrau" ein Symbol für Unabhängigkeit. Sie stellt also eine

Du bist selber ein Held Karneval, wenn du folgendes behältst: Der Prinz ist ein Fürst der Freude. Im Gegensatz zu anderen Karnevalsstädten steht ihm in Köln keine Prinzessin zur Seite. Er tritt mit Bauer und Jungfrau als Dreigestirn auf. In dieser Einheit haben sie nur in Köln eine geschichtliche Bedeutung. „Ihre Lieblichkeit" die Jungfrau steht für die Schönheit und Unversehrtheit der Stadt. „Seine Deftigkeit" der wehrhafte Bauer verteidigt sie. Heute nicht mehr mit Waffen, sondern mit Humor. In unserem Karnevalslexikon ab S. 139 findest du weitere Angaben zum Dreigestirn.

Typische Figuren im Kölner Karneval

Idee dar und keinen Menschen, der wirklich gelebt hätte.

Inzwischen weißt du schon, was im Karneval möglich ist. Er lässt Vergangenes wieder aufleben. So wie Erwachsene noch mal Kind spielen, geben sich Städte noch mal die Bedeutung, die sie früher hatten. Nachdem Köln sich 1794 kampflos den Franzosen ergeben musste und später von Preußen regiert wurde, gingen die Gedanken rückwärts: „Och wat wor dat fröher schön doch in Colonia!" Da erinnerten sich die Bürger nicht nur an die Roten Funken. Da kam auch die Erinnerung an die „Kölner Jungfrau" gerade recht.

Skulpturen der Symbolfiguren Bauer (links) und Jungfrau aus einer Zeit, bevor sie Bedeutung im Karneval erlangten.

Weil es ein Spiel, manchmal ein spontanes Gelegenheitsspiel war, ein Dreigestirn darzustellen, sind aus den Anfangsjahren nicht immer die Namen der Darsteller bekannt. Die waren nicht weiter erwähnenswert. Es ging um die Rolle und nicht um die dahinterstehenden Personen. Der Aufwand, der heute um die drei Herren betrieben wird, konnte erst gar nicht entstehen, wenn ein Dreigestirn sich erst kurz vor dem Karnevalswochenende fand. Eine festliche Proklamation, gleich bleibende Ornate, Zeremonien und eine – kostspielige – Auftrittbereitschaft des Dreigestirns über die gesamte Session haben sich erst in den Jahren nach dem Zweiten Weltkrieg entwickelt.

Bei allem Pomp, der um das Dreigestirn herum entstanden ist, ist seine Verkörperung ein Spiel geblieben. Wer das vergisst und sich für wirklich bedeutsam hält, wäre nicht jeck. Er wäre ein Narr. Tollitäten sind Herrscher immer nur auf Zeit. Eine Session lang regiert ihr Narrenzepter. Danach kommen andere dran. „Einmol Prinz zo sin", heißt es. Zweimal geht nicht. Manche Völker in der echten Welt wünschten sich, das wäre überall so.

Lieder besingen Gefühle

"Ihr seid nur ein Karnevalsverein!" So singen die Fans gegnerischer Fußballvereine, wenn sie Kölner Fans verspotten. Sie wollen ausdrücken: "Euch kann man nicht ernst nehmen." Sollen sie singen! Es kann durchaus sein, dass sie im Überschwang des eigenen Erfolgs kurz darauf anstimmen: "Da simmer dabei, dat es prima. Viva Colonia!" Den Münchnern, Dortmundern oder Hamburgern ist gar nicht bewusst, dass sie damit ein kölsches Fastelovendslied anstimmen. Menschen singen bei freudigen Massenereignissen gerne Lieder, die ursprünglich im Karneval groß wurden. "Oh, wie ist das schön" gehört ebenso dazu wie "En unsrem Veedel", in dem man zusammenhält, "ejal, wat och passeet". Es ist merkwürdig: Karnevalslieder gelten einerseits als primitiv. Sie sind das billige Trallala der ewig jecken Rheinländer, meinen Auswärtige. Andererseits werden sie im ganzen Land von Millionen Menschen in bestimmten Stimmungslagen gerne und häufig gesungen.

Was uns so widersprüchlich vorkommt, erklärt sich vielleicht damit, dass die genannten Lieder eigentlich gar keine Karnevalslieder sind. Der Karneval hat sie zwar bekannt und populär gemacht. Doch sie drücken etwas aus, was die Menschen über die tollen Tage hinaus berührt. Für fröhliche Ereignisse hält der Karneval naturgemäß einen großen Vorrat an Texten und Melodien bereit. Doch nicht nur freudige Erlebnisse gehen den Menschen zu Herzen. Heimweh und Kummer, Liebe und Freundschaft, Abschiede und Hoffnungen sorgen auch für starke Gefühle. Über die sprechen wir nicht so ohne weiteres, schon gar nicht öffentlich. Das gilt als peinlich. Wer in der falschen Situation Gefühle zeigt, könnte als naiv, kindisch, primitiv gelten. Mit solchen Bedenken hat der Karneval nichts am Hut. Im Gegenteil: Hier wird geradezu herausposaunt, was sonst versteckt oder höchstens schüchtern angedeutet wird. Singen kann das Herz erleichtern.

Liebeskummer zum Beispiel ist ein Gefühl, über das man sich zu sprechen schämt. Auch Kinder kennen die Enttäuschung, wenn man bei jemandem abblitzt, den man sehr umworben hat. Im Lied "Ming eetste Fründin" besingen die Bläck Fööss genau diese Erfahrung:

„… un et Kättche fuhr me'm Mattes em Auto un leeß mich janz einfach em Stich." Genau so spürt es sich an, wenn eine Freundin aus Kinderzeiten, mit der man schon gemeinsam „auf'm Rädchen" fuhr, den Jungen plötzlich stehen lässt und ihm auf dem Beifahrersitz des älteren, reicheren, neuen Lovers davonbraust. Solche Erfahrungen machen auch noch Erwachsene. Doch wo und wann sprechen sie darüber? Die Krawall-Talk-Shows im Fernsehen sind dafür nicht jedermanns Sache. Solche Geschichten gehören zu Recht ins Private. Aber dann taucht so ein Lied auf, das genau die Situation beschreibt. Und die Menschen singen mit. Sie lächeln sich dabei an und merken, aha, mein Nachbar kennt das also auch! Das tut gut zu wissen. Es tut immer gut, wenn man mit seinen Gefühlen nicht allein ist.

Karneval ist ein Fest der Gefühle, der ausgelassenen wie der wehmütigen. Karnevalslieder besingen sie. Damit handeln sie eigentlich vom Leben. In der Gemeinschaft einer fröhlichen Feier verflüchtigen sich unsere Hemmungen. Von Liebe und Freundschaft, Abschieden und Hoffnungen zu singen, ist hier nicht peinlich. Jedenfalls nicht so, wie es bei Schlagersängern wirkt, wenn sie so tun, als sängen sie über ihr ganz eigenes Gefühl. Karnevalslieder sind eher „Volkslieder". Die Interpreten singen sie stellvertretend für die

Singen in der Gemeinschaft tut gut.

Willi Ostermann, Schöpfer vieler beliebter Kölner Karnevals- und Heimatlieder

Menge. Solche Lieder werden nicht zu persönlich. Und Bedrückendes löst sich mit einem Schmunzeln auf. Deswegen mögen Erwachsene diese Lieder besonders gern. Schon vor hundert Jahren sangen sie von einem gewissen Herrn Schmitz, dem als Ehemann etwas Vergleichbares wie dem kleinen Freund vom „Meiers Kättche" aus dem Lied der Bläck Fööss passiert ist: „Dem Schmitz sing Frau es durchjebrannt". Solche „Beziehungskisten-Lieder" werden oft zu großen Hits. Willi Ostermann wurde 1907 mit dem Lied vom Herrn Schmitz, dem die Frau weggelaufen war, schlagartig berühmt.

Lieder erzählen Stadtgeschichte

Willi Ostermann (1876–1936) ist einer der ganz großen Schreiber und Interpreten von Karnevalsliedern, die später zu kölschen Volksliedern wurden. Seine Texte „Heimweh noh Kölle" („Ich möch ze Fooß noh Kölle jonn") und „Och wat wor dat fröher schön doch en Colonia" kennen manche besser als die Nationalhymne. Köln war und ist zu allen Zeiten ein Thema im Karneval. Oft wird die Heimatstadt gepriesen, so wie es die „Höhner" mit dem Lied „Hey Kölle, do bes e Jeföhl" tun. Oft werden aber auch ihre Veränderungen beklagt. Schon vor Ostermanns Zeit hieß es, dass es „fröher schöner wor". Kaum war die jahrhundertealte riesige Kölner Stadtmauer abgetragen worden, da textete Joseph Breuer 1892 im „Kölsch Fiakerlied": „Wat wor dat doch en Kölle für e Levve, als sei noch stund, die ahl, die schön Stadtmoor." Als die Stadt nach dem Zweiten Weltkrieg von Bomben zerstört war, fand sich der Musiker Jupp Schmitz im Trümmerhaufen, der mal seine Heimatstadt war, nicht mehr zurecht. Klagend komponier-

Der Ostermann-Brunnen in der Kölner Altstadt zeigt Figuren, die in den Liedern des Sängers vorkommen, z. B. „De Tant" und „Et Schmitze Billa".

te er: „Ming herrlich Kölle, wie sühß do uus? Wo sin ding Stroße, wo stund ming Huus?" Jahre später drohte der Stadt weitere Zerstörung, dieses Mal durch Wohlstand. Denn für viel Geld wurden Reste der noch übrig gebliebenen alten Stadtviertel abgerissen und durch Neubauten ersetzt. „Stadtsanierung" hieß das. Als die in den Augen vieler Menschen unmäßig betrieben wurde, sangen die Bläck Fööss kritisch: „Wat nötz die janze Stadtsanierung schon? Do sull doch leever alles blieve, wie et es, un mir behale uns're schöne Dom." Dann folgte der Refrain, unter dessen Titel das Lied berühmt wurde: „Mer losse d'r Dom en Kölle".

Viele Musikgruppen besingen die Stadt, hier die Höhner.

Kölns musikalisches Stadtpanorama

Von den großen Städten dieser Welt haben wir Menschen Bilder im Kopf. Auch wer noch nie in New York war, kennt das Foto, auf dem aus dem Wasser die Freiheitsstatue ragt, hinter der sich ein Gebirge von Wolkenkratzern erhebt. Das ist die so genannte Skyline der berühmten Stadt. „Panorama" nennt man das auch. Mehrere Städte der Welt können mit einem eigenen, unverwechselbaren Panorama aufwarten, auch Köln. Am eindrucksvollsten ist es von der Deutzer Rheinseite aus zu sehen, etwa vor den RTL-Gebäuden am alten Messe-Gelände. Oder als Luftbild vom neuen LVR-Turm „Köln-Triangel" aus. Im Vordergrund ragen die Türme von Dom, Rathaus und Groß St. Martin, im Hintergrund Fernsehturm und Mediapark-Hochhaus heraus. Zusammen mit den Häusergiebeln am Rheinufer, dem dicken WDR-Komplex in der Mitte sowie dem Gewusel weiterer Kirchen und Kaufhäuser bilden sie das markante Kölner Panorama.

Die kölsche Skyline hat aber noch eine Besonderheit. Man sieht sie nicht nur, man kann sie auch hören. Nein, nicht der Verkehrslärm ist gemeint. Lieder sind zu hören. Natürlich nicht in echt. Aber wenn du ein wenig mit Köln vertraut bist, wird dir beim Blick auf

Die Erinnerung an viele (Karnevals-) Lieder macht das Kölner Stadtpanorama geradezu hörbar.

die Stadt ein kölsches Lied einfallen. Und wenn du dazu bereit bist, kannst du es innerlich hören. Na, was geht dir gerade durch den Kopf? „Hey Kölle" von den Höhnern oder „Ming Stadt" von den Bläck Fööss? Älteren Menschen fällt meist das schon erwähnte Ostermann-Lied ein „Ich möch ze Fooß noh Kölle jonn", oder „Jede Stein en Kölle es e Stöck vun mir" von Ludwig Sebus.

Köln ist wie keine andere deutsche Stadt besungen worden. Es gibt kaum einen markanten Punkt in der Stadt, der nicht in einem Lied auftaucht. Das heißt nicht, dass Köln die schönste und sowieso supertollste Stadt wäre und wir nur tolle Lieder hätten. Ach was! Viele Lieder sind schwach, manche nur Heimatkitsch. Die Stadt und ihre Menschen haben zahlreiche Schwachstellen. Gute Lieder besingen aber auch die. Das Bläck-Fööss-Lied „Wir sind die Weltmeister vum Rhing" zeigt Kölner Schwächen auf. Aber es tut das in einem versöhnlichen Ton. Wir können uns ums Besserwerden ja noch bemühen.

Die Stadt verdankt ihr musikalisches Panorama dem Karneval. Denn dieses Fest regt jedes Jahr zu neuen Liedern an. Sie werden eigens für den Karneval produziert. Der bringt sie auf die Bühne, ins Radio, ins Fernsehen. Sie werden in Liederheften abgedruckt und auf CDs festgehalten. So entsteht im Laufe der Jahre ein „musikalisches Archiv" der Stadt. Denn von Köln handeln viele dieser Lieder. Werden sie ein Hit, können Produzenten, Komponisten, Texter, Sänger, Instrumentalisten, Arrangeure, Tontechniker und einige mehr davon auch leben.

Karnevalsmusik

Kölsches Musikquiz

Hier ist mal ein Tipp für einen kölschen Stadt-Test, den du mit den Erwachsenen deiner Familie machen kannst! Schicke sie in Gedanken durch die Stadt, an bestimmte Orte, zu bestimmten Menschen und ermuntere sie, dazu passende Lieder zu nennen. Wetten, dass da eine Menge zusammenkommen! Unser Stadtpanorama-Lieder-Quiz kommt übrigens ganz ohne den Kölner Dom aus. An unserem Startpunkt geben wir ein Beispiel, wie es funktioniert. Wir beginnen am Deutzer Rheinufer und schauen auf das gegenüberliegende Ufer mit dem berühmten Panorama. Frage: Welches Lied passt dazu? Antwort: „Lor ens vun Düx noh Kölle" (Ludwig Sebus). Ab jetzt bist du dran bzw. deine erwachsenen Verwandten.

1) Wir gehen über die Deutzer Brücke. Welches Lied passt dazu? *(Lösungen siehe unten)*
2) Unter uns sehen wir auf dem Rhein neben Frachtschiffen auch typische Kölner Ausflugsschiffe. Lied?
3) Auf der anderen Uferseite angekommen sehen wir die bunten Häuserzeilen am Alter Markt. Lied?
4) Etwas für Spezialisten (Oma und Opa fragen): Über ein stilles Plätzchen bei der Kirche „Maria im Kapitol" gehen wir durch ein geschichtsträchtiges, schmales Tor Richtung Südstadt. Lied?
5) In der Gegend um den Chlodwigplatz angekommen, treibt Hunger uns in eine Imbissbude zu leckeren Frikadellen. Lied?
6) In der Kaffeebude gibt's noch Nachtisch. Lied?
7) Wir schlendern durch die nahe gelegene Elsaßstraße. Lied?
8) Dort spüren wir noch etwas vom Lebensgefühl eines kölschen Stadtviertels. Lied?
9) Zurück ins Zentrum fahren wir mit der Straßenbahn. Lied?
10) Dort herrscht am „Langen Samstag" Hochbetrieb. Lied?
11) Deshalb lassen wir unsere Tour lieber mit einem Besuch im Hänneschentheater ausklingen. Lied?

Auflösung zum Kölschen Musikquiz

zu 1) Ich ben en kölsche Bröck (Bläck Fööss) • zu 2) Heidewitzka, Herr Kapitän (Karl Berbuer) • zu 3) Die Hüs'cher bunt om Aldermaat (Jussenhoven/Schlösser) • zu 4) Nur am Dreikünnige Pözje (Karl Berbuer) • zu 5) En d'r Frikadellebud (Höhner) • zu 6) En d'r Kaffeebud (Bläck Fööss) • zu 7) Polterovend en d'r Elsaßstroß (Bläck Fööss/Hans Knipp) • zu 8) En uns'rem Veedel (Bläck Fööss/Hans Knipp) • zu 9) Weißte wat, mer fahre met d'r Strößebahn noh Hus (Marie-Luise Nikuta) • zu 10) Lange Samsdach en d'r City (Bläck Fööss/H. Knipp) • zu 11) Wenn all die Pöppcher danze (A. Schneider).

Musikunterricht mit den Bläck Fööss

„Heimatkunde" gibt es als Schulfach nicht mehr. Es war reichlich angestaubt. Von der Heimat zu erzählen, ist aber wichtig. Menschen wollen wissen, woher sie kommen und wohin sie gehören. In Kölner Schulen wird heute wieder von der Heimat erzählt. Dass es dazu kam, hat auch etwas mit dem Karneval, vor allem mit seiner Musik zu tun.

Manchmal kommen neue Impulse aus einer ganz ungeahnten Ecke und verändern etwas. Beispielsweise passierte das bei der Fußball-Weltmeisterschaft 2006 in Deutschland. Da fand der Fußball plötzlich neue Freunde. Von der frischen und erfolgreichen Spielweise der Nationalmannschaft ließen sich Millionen von Menschen begeistern, die sich bis dahin kaum für Fußball interessiert hatten. Ausgelöst hatte die Begeisterung das Trainerteam um Jürgen Klinsmann, der die Spielweise der Nationalelf gründlich modernisierte. Was da im ganzen Land auf dem Gebiet des Sports passiert war, hatte sich 35 Jahre vorher in der Kölner Region auf dem Gebiet des Karnevals ereignet. Das teilweise arg verstaubte Fest Karneval hatte durch eine neue Art von Musik neue Freunde gewonnen. Hinter diesem „Frischeschub" stand ebenfalls ein Team, eine Musikgruppe: die Bläck Fööss.

Im modernen Sound erzählte die Band von der Heimat, der Stadt und ihren Menschen. Ihre Lieder vermittelten ein Stück „Menschenkunde". Der Erfolg der Band lag nicht nur darin begründet, dass sie tolle Musik mit klasse Texten machte. Wichtig war auch die Art, wie sie die Musik den Leuten nahe brachten. Sie taten das nicht nur von der Bühne herab oder über den Verkauf von CDs. Sie gingen zu den Menschen hin, da wo sie lebten. So war es für sie kein Widerspruch, wenn sie nach einem Open-Air-Auftritt vor zigtausend Menschen am nächsten Tag auf einem Stadtteilfest oder in einem Seniorenheim sangen.

Von Beginn ihrer Karriere an spielten die Bläck Fööss auch auf Schulfesten. Einige Musiker der

Seit über 30 Jahren sind die Bläck Fööss von den Bühnen nicht wegzudenken – nicht nur im Karneval.

Gruppe hielten Kurse für junge Leute ab. Hunderte kamen im Laufe der Jahre mit ihren Gitarren ins Domforum oder ins studio dumont und ließen sich von den Profis kostenlos Tipps geben. Seit über zehn Jahren gehen die Föös-Musiker Kafi Biermann, Bömmel Lückerath und Hartmut Priess auch in Schulen. Anfangs taten sie das vereinzelt, da wo sie halt Kontakte hatten und man sie einlud. Nachdem ein Freund von Bömmel, ein Rektor einer Kölner Grundschule, den Kontakt zur Schulbehörde hergestellt hatte, wurde daraus seit 2001 ein richtiges Projekt mit dem Kölner Schulamt. Inzwischen waren sie an vielen Schulen zu Gast, und für Lehrerinnen und Lehrer wurde daraus eine Fortbildungsreihe.

Bei diesen Schulprojekten merkt man übrigens, dass es nicht richtig ist, jedes kölsche Lied für ein Fastelovendsleed zu halten. Viele Lieder werden zwar durch den Karneval bekannt, doch ihre Aussagen passen meist das ganze Jahr. Manche auch zu Weihnachten. Hören kann man das, wenn Musiker der Kölner Bands mit Schulkindern im Advent kölsche Konzerte im Rathaus, in Kirchen und auf den Weihnachtsmärkten geben.

Die Bläck Fööss brachten Anfang der 1970er-Jahre mit neuer Musik frischen Wind in den Karneval.

Interview mit Bläck-Fööss-Musiker Hartmut Priess

Hartmut, Bassist der Fööss von Anfang an, ließ sich für dieses Buch interviewen und stellt das Projekt vor:

An vielen Vormittagen im Jahr geht ihr in Schulen und arbeitet dort mit Schülern und Lehrern. Wie macht ihr das und wie kommen die Kontakte zustande?
Über das Kölner Schulamt melden sich Schulen, die mit uns singen möchten. Zunächst waren wir bei allen Grundschulen, die Kölsch-AGs haben, zu Gast. Inzwischen auch bei vielen Haupt-, Realschulen und Gymnasien. Neuerdings auch in Kindergärten.
Bringt ihr dazu eure Instrumente mit?
Nur sehr wenige. Bömmel bringt seine Gitarre mit und ich meinen Bass. Kafi singt dazu. Wir haben nichts an großer Elektronik dabei.

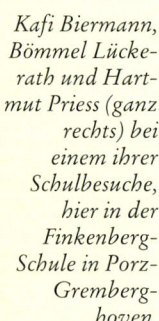
Kafi Biermann, Bömmel Lückerath und Hartmut Priess (ganz rechts) bei einem ihrer Schulbesuche, hier in der Finkenberg-Schule in Porz-Grembeghoven.

Wir wollen die Kinder nicht übertönen, sondern ihrem Gesang eine Grundlage geben. Uns geht's ja um das Singen. Das gehört zu den schönsten Erlebnissen, die Kinder in der Gemeinschaft haben können.

Wie viele Kinder machen bei so einer Aktion mit?
Die Kinder haben am meisten was davon, wenn wir mit kleinen Gruppen arbeiten. Etwa mit den zwanzig, dreißig, die in einer Kölsch-AG sind. Aber wenn Schulen unseren Besuch nutzen, um das Erlernte anschließend allen Klassen vorzuführen, freuen wir uns natürlich darüber. Wichtig ist uns, dass die Lieder im Kopf bleiben und noch gesungen werden, wenn wir wieder weg sind.

Wie sollte eine Schule euren Besuch vorbereiten?
Die Lehrer suchen die Lieder mit den Kindern vorher aus und besprechen das mit uns. Dann beginnen die Klassen zu lernen. Das heißt, der Text sitzt, wenn wir kommen. Gut vorbereitet haben die Schüler mehr von der „Musikstunde". Es können auch mehr Lieder drankommen, wenn die Kinder sie schon mal mit den Lehrern vorgehört haben. Wir finden es toll, wie sie die Lieder auswendig können. Denn Texte in der Mundart sind ja nicht immer leicht. Kölsch ist für viele eine „Fremdsprache", nicht nur für ausländische Kinder. Aber wenn sie es dann drauf haben, ist die Freude der Kinder über sich selbst besonders groß. Es lohnt also, sich vor dem Spaß anzustrengen.

Ihr bezieht die Lehrkräfte einer Schule kräftig mit ein.
Ja. Schließlich müssen die am nächsten Tag wieder ohne uns unterrichten. Wir wollen ihnen Hilfen geben, mit ihren Möglichkeiten weiterzumachen. Uns liegt gar nichts daran, in den Schulen „wie die Weltmeister" aufzutreten. Wir möchten zeigen, wie man mit einfachen Mitteln Musik machen kann.
Wie viele Lieder können bei eurem Besuch eingeübt werden?
Das hängt auch davon ab, wie die Gruppen vorbereitet sind. Das Schulamt hat mit uns eine CD mit 15 Liedern erstellt. Die bekommen die Schulen vorher. Über alle Schulen verteilt ist bislang jedes Stück mal gewählt worden.
Welche Kriterien hattet ihr beim Zusammenstellen der „Schulamt-CD"?
Wichtig sind uns Lieder, die Geschichten erzählen. Uns geht's bei dieser Arbeit ja nicht um Stimmungsmusik. Kölsche Lieder erzählen so viel von der Stadt und ihren Menschen, dass sie zum kleinen Geschichtsbuch und „Gegenwartsbuch" werden können
Gibt es Lieder, an denen die Kinder besonders viel Spaß haben?
Das Lied vom „Stammbaum" mögen viele. Das erzählt den Kindern praktisch etwas vom Leben ihrer Familien. Es gibt ja immer mehr, die nicht aus Köln stammen. In manchen Kölner Schulen kommen wir uns vor wie in einer Zweigstelle der UNO, den „Vereinten Staaten dieser Welt". Lustig ist es, wenn sich hier und da ein Kind meldet und sagt, die Mama käme auch aus dem Ausland – aus Dortmund!

Unsere Stammbaum
(Text und Musik: Hans Knipp/Bläck Fööss)

Ich wor ne stolze Römer, kom met Caesars Legion,
un ich ben ene Franzus, kom mem Napoleon.
Ich ben Buur, Schreiner, Fescher, Bettler un Edelmann,
Sänger un Gaukler, su fing alles aan.

Su simmer all he hin jekumme,
mir sprechen hück all dieselve Sproch.
Mir han dodurch su vill jewonne.

*Mir sin wie mer sin, mir Jecke am Rhing.
dat es jet, wo mer stolz drop sin.*

*Ich ben us Palermo, braat Spaghettis für üch met.
Un ich, ich wor ne Pimock, hück laach ich met üch met.
Ich ben Grieche, Türke, Jude, Moslem un Buddhist,
mir all, mir sin nur Minsche, vür'm Herrjott simmer glich.*

Su simmer all …

*De janze Welt, su süht et us,
es bei uns he zo Besök.
Minsche us alle Länder
stonn met uns hück an d'r Thek.
M'r gläuv, m'r es en Ankara, Tokio oder Madrid,
doch se schwade all wie mir
un söke he ihr Jlöck.
Su simmer all … .*

Ihr nehmt sicher viele spezielle Erlebnisse aus den Schulen mit …
Schön war der Brief eines holländischen Lehrers, der uns bat, das Stammbaum-Lied in den Dialekt seiner Region um Venray übertragen zu dürfen. Dort gäbe es einen hohen Ausländeranteil und das Lied könnte eine Brücke bauen. Wir sind dann in diese Schule gefahren und haben nicht nur dieses Lied, sondern auch die „Achterbahn" und die „Kayjass Nr. 0" in holländischem Dialekt gesungen. Es war ein Riesenspaß für die Schüler und uns, und wir spürten wieder, welche Bedeutung und welch versöhnliche Kraft kölsche Lieder haben können. Für uns ist es schön zu erleben, wie ein Lied sich allmählich von uns löst und zu einem „Lied der Stadt" wird, letztlich zu einem Lied der Leute.

Karnevalsmusik 81

Schulkinder singen mit den Bläck Fööss am Kölner Tanzbrunnen.

Wie geht es weiter, wenn die Lieder „sitzen"? Seht und hört ihr die Schüler später noch mal?
Über mehrere Jahre konnten wir die Gruppen, die mit uns geübt hatten, zu Beiträgen auf unserem Sommerkonzert am Tanzbrunnen einladen. Mittlerweile sind das über 500 Pänz. Das sprengt die technischen Möglichkeiten dort. Seitdem machen wir mit den Gruppen eine eigene große „Musikstunde" in der Aula des Friedrich-Wilhelm-Gymnasiums. Eltern und andere Schulen kommen als Gäste. Im geschlossenen Saal kommt eine schöne, verbindende Atmosphäre auf. Die Jungen und Mädchen singen hier nicht als „Vorprogramm", sondern sie stehen im Mittelpunkt der Veranstaltung.

Mit welchen Altersgruppen und Schulformen macht ihr das?
Schwerpunkt waren bisher ganz klar die Grundschulen. Inzwischen haben wir auch Erfahrungen mit Erzieherinnen und Kindergärten gemacht. Es ist schön zu erleben, wie die ganz Kleinen nach der „Papageienmethode" – Vor- und Nachsprechen – ein, zwei Lieder lernen. Seit 1991 spielen wir auf Abiturientenfeiern. Da erleben wir, wie die Großen in Liedern wie „Zusammeston", „Veedel", „Kriesch doch nit", „Bye, bye, my Love" und natürlich „Niemals geht man so ganz" ihre Abschiedsgefühle ausdrücken. Ansonsten sind wir nach wie vor häufig bei den Jungen und Mädchen der Hauptschule Großer Griechenmarkt. Mit denen haben wir schon vor Jahren CDs aufgenommen. Aber auch andere Haupt-, Real- oder Förderschulen werden von uns besucht.

Zuletzt, aber nicht unwichtig, die Frage: Was kostet euer „Unterricht" und wie kann man ihn „bestellen"?
Es kostet die Schulen nichts. Anfragen werden an das Kölner Schulamt, „Generale Brauchtum", gerichtet.

Herzlichen Dank, Hartmut Priess, und eurer Aktion weiterhin viel Erfolg!

Bömmel Lückerath von den Bläck Fööss begleitet Schulkinder auf der Gitarre.

Tipp für deine Schule, wie ihr einen Musikunterricht mit den Bläck Fööss bestellen könnt: Zuständig ist auch in ihrem Ruhestand die ehemalige Schulamtsdirektorin Marianne Trompeter. Ihr Amt ist zu erreichen unter der Anschrift
Schulamt für die Stadt Köln
„Generale Brauchtum"
Willy-Brandt-Platz 3
50679 Köln, Tel. 0221-22 13 02 66

Karnevalslieder im Kölner Geschichtsunterricht

Das Lied vom „Stammbaum" erklärt in drei Minuten und zweiundvierzig Sekunden (das ist die Spieldauer auf der CD), wie es zur Zusammensetzung der heutigen Kölner Bevölkerung kam. Das Lied kann in Köln inzwischen wirklich fast jedes Kind mitsingen. Auch die, denen man ansieht, dass sie nicht in Köln geboren sind. Der Text erzählt von den Menschen, die in der Vergangenheit, von der Römerzeit bis heute, aus vielen verschiedenen Ländern an den Rhein gekommen sind. Sie wurden hier sesshaft und somit ein Teil des „Stammbaums der Stadt". Der hat viele Herkunftswurzeln, trägt aber immer wieder kölsche Früchte.

Es gibt viele Lieder, an denen sich Kölner Stadtgeschichte, manchmal auch deutscher Zeitgeist, ablesen lässt. Vielleicht aber ist eure Lehrerin, euer Lehrer ein „Imi", das heißt ein „imitierter", ein „nachgemachter" Kölner. Das ist eine Mischung aus Spott- und Kosewort für die, die nicht hier geboren, sondern zugezogen sind. Auch wenn die „echten Kölschen" denen gegenüber die Nase manchmal etwas hoch tragen, ist es überhaupt kein Makel, ein Imi zu sein. Erstens sind das sowieso die meisten Einwohner (das Stammbaumlied erzählt davon). Zweitens wären die Kölschen schon längst ausgestorben, wenn sie sich nur auf die Nachkommen aller „Schmitzens" verlassen hätten („Schmitz" gilt, weil der Name hier so oft vorkommt, als Symbol für die „urkölsche Familie"). Drittens gingen gerade von den Imis wichtige Impulse für den Karneval aus, ohne die er nicht populär geworden wäre. Beispielsweise war Kölns erster Karnevalsprinz ein Nachfahre italienischer Einwanderer. Die Familie von Willi Ostermann kam aus dem Bergischen Land. Und Hartmut Priess, der das Schulprojekt der Bläck Fööss mitbegründet hat und so urkölsche Lieder wie „En uns'rem Veedel" mitverfasst hat, kam als Kind aus Berlin nach Köln.

Mit so viel prominenter Rückendeckung lassen sich deine Imi-Lehrer vielleicht ermutigen, Geschichtsunterricht mit Kölner Liedern, mit Fastelovendsleedcher, zu untermalen. Die folgenden Tipps sind deshalb für sie gedacht. „Didaktische Impulse" nennen sie das in ihrer Fachsprache.

Tipps für Lehrkräfte

CDs

Äußerst hilfreich sind folgende CDs. Auf ihnen ist eine Fülle von Liedbeispielen zu finden, die Epochen der Zeit- und Stadtgeschichte zugeordnet werden können. Kenntnisse über deren politische und sozio-kulturelle Hintergründe werden bei den Lehrkräften als gegeben vorausgesetzt bzw. sie sind Gegenstand obligatorischer Schulbücher.

Pänz, Pänz, Pänz versammelt Lieder, die die Bläck Fööss gemeinsam mit dem Schülerchor der Kath. Hauptschule Großer Griechenmarkt mit ihrem Rektor Karl Becker eingespielt haben. Beispielsweise sind auf der CD zu hören „Achterbahn", „Ming eetste Fründin", „Frankreich, Frankreich", „Dat Wasser vun Kölle".

Ostermanns Katzenlied ist zwar lustig, es sagt aber auch viel über die sozialen Verhältnisse seiner Zeit aus.

Was habst Du in die Sack – Lieder und Texte zur Stadtgeschichte ist ausdrücklich als „Geschichts-CD" der Bläck Fööss deklariert. Von der Schlacht bei Worringen geht es über die Richmodis-Sage aus dem Mittelalter, das „Schmugglerlied" aus der Franzosenzeit, die Arbeiterbewegung mit den „Stollwerckmädchen", die Nazi-widerständigen „Edelweißpiraten" und die Nachkriegszeit („Das Kartoffellied") bis zur Umweltbewegung in „Dat Wasser vun Kölle".

Usjebomb – eine Doppel-CD der Bläck Fööss mit Liedern zur Zeit nach dem Zweiten Weltkrieg und zum Wiederaufbau.

Kölsche Evergreens der Kreissparkasse Köln in der Zusammenstellung von Reinold Louis. Besonders die Ausgaben der Anfangsjahre enthalten viele Lieder mit Geschichtsbezügen, beispielsweise Nr. 3 „Lieder aus dem alten Köln", Nr. 4 „Spaziergang durch Köln", Nr. 6 „Lieder aus dem kleinen Gürzenich", Nr. 9 „Parodien und Verzällcher".

„Levve, Sproch un Tön" – Publikationen der „Akademie för uns Kölsche Sproch"

Themen

Die Lieder untermalen einzelne Epochen oder historische Begebenheiten und zeichnen sowohl Stadt- wie Mentalitätsgeschichte nach. Man kann an ihnen auch vergleichende Betrachtungen von Gesellschaftsphänomenen oder Äußerungen des Zeitgeists festmachen.

Freizeit- und Urlaubsverhalten können beispielsweise mit folgenden Liedern herausgearbeitet werden: Urlaub im Nahbereich während der 1950er-Jahre: „Mer rigge met dem Esel op d'r Drachenfels" (Toni Steingass); erweiterte Reisesehnsüchte in den 1950/60er-Jahren: „Campinglied" von Karl Berbuer; Massen-Ferntourismus ab den 1970er-Jahren: „Spanienleed" der Bläck Fööss und „Buenos Dias Matthias" (Hans Knipp) von den Paveiern gesungen.

Deutsche Kolonialzeit 1870–1918: „Congo-Polka" von Carl Wirts, 1885.

Frauenemanzipation: „Schnüsse Tring" von Joseph Roesberg, 1859; „Evchen Vogelsang" von Karl August Gipprich, 1897; „Wä hätt dat vun dä Tant jedach?", 1908; „Et Stina muss ene Mann han", 1909 (beide von Willi Ostermann); Lieder von Monika Kampmann auf der MC „Anstöße".

Personennahverkehr früher bis heute: Droschkenbetrieb: „Fiakerlied",1892 von Wilhelm Breuer und Heinrich Körschgen; Straßenbahn vor Einführung von Einmannbetrieb und Fahrscheinautomaten: „Die drei von der Linie zwei", 1975 (Bläck Fööss).

Nachkriegsjahre 1945–1949: komplette CD Usjebomb, unter anderem mit „Schöppe, schöppe es jitz Trump", „Mer maachen hück en Hamsterfahrt"; die Karl-Berbuer-Lieder von 1948, „Trizonesiensong"; „Jetz wed opgerümp"; „O Mosella" (wegen der von der Besatzungsmacht als Vorwurf empfundenen Zeile „… trinkst du den Wein allein?" wurde Berbuer in der französischen Zone kurzzeitig festgenommen).

Karneval als Friedenssehnsucht: „Friedenspfeifensamba", von Karl Berbuer, 1950; „Topp ävver beklopp", 1982; „Mir klääve am Lääve", 1984 (beide Bläck Fööss).

Das Bild einer wieder aufgebauten und beleuchteten Hohe Straße wurde im kriegszerstörten Köln hoffnungsvoll besungen.

Wohn- und Lebensstandard, Essgewohnheiten: „De Wienanz han 'nen Has em Pott"; „Die Mösch" (beide von Willi Ostermann); „Hämchenlied" (Bläck Fööss); „Pizza" (Höhner).

Integration von Zuwanderern: „Sag ens Blootwoosch" (Jussenhoven/Schlösser); „Stammbaum"; „Morje, Morje" (Rolly Brings; Interpreten: Bläck Fööss); „Minsche wie mir" (Höhner).

Gesellschaftliche Akzeptanz (Doppelmoral) im Umgang mit Alkohol und Drogen: „Kornblumenblau" (Schlösser/Jussenhoven); „Heute blau und morgen blau" (Maria Kloth/Franz Wendhof, 1949); „Zehn Liter Bier sin et beste wat mer han" (Höhner); „Bier un nen Appelkorn" (Drei Colonias); „Superjeile Zick" von der Gruppe Brings (mit der Zeile „… mach noch ens en Tüt an").

Gott und Religion: „Der liebe Gott weiß, dass ich kein Engel bin" (Höhner); „Wir wollen alle in die Hölle" (Wicky Junggeburt); „Wir kommen alle in den Himmel" (Kurt Feltz/Jupp Schmitz).

Abschieds- und Jenseitsvorstellungen: Herrmann Hesses bekanntes Gedicht „Stufen" („… Nimm Abschied, Herz, und gesunde!") findet eine Entsprechung im Bläck-Fööss-Lied „Kriesch doch nit, wenn et vorbei es" („… ohne Abschied fing nie jet Neues an"); „Un deit d'r Herrjott mich ens rofe …" (aus Willi Ostermann: „Heimweh nach Köln"); „Es gibt ein Leben nach dem Tod" (Bläck Fööss); „Fastelovend em Himmel" (Karl Berbuer)

Lieder ohne Worte – Texte ohne Melodie

Lieder sind immer eine Einheit von Text und Melodie. Im Karneval war das nicht immer so. Bis auf Ausnahmen (zum Beispiel das Lied von der Dienstmagd „Schnüsse Tring" oder die „Schusterjungen-Polka") entstanden bis vor gut hundert Jahren Text und Melodie getrennt. Heute kennen wir das als so genannte Cover-Versionen. Man macht zu einer bekannten Melodie einen neuen Text. Was heute die Hits sind, waren damals die „Volksweisen". Zu ihnen erfand man Texte. Die wechselten, die bekannte Melodie aber blieb. So konnte jeder mitsingen, sofern er auf dem Tisch das aktuelle Textblatt vorfand.

Die ersten Lieder waren alles andere als Stimmungskracher. Un op Kölsch woren se schon ens janit. Die Mundart war damals noch nicht die bevorzugte Sprache im Karneval. Das ist sie erst, seitdem sie im Alltagsleben immer mehr verdrängt wurde. Die Sehnsucht nach dem, was zu verloren gehen droht, flackert mal wieder auf. Natürlich sprach das „einfache Volk" damals kölsche oder rheinische Mundart. Karneval war aber in den Anfangsjahren kein Fest, das vom einfachen Volk gestaltet wurde. Wie wir schon hörten, waren es die vornehmeren, vermögenderen und meist auch gebildeteren Herren der Stadt, die das Festordnende Comité 1823 gründeten. Die sprachen vorwiegend hochdeutsch. Das „Lied Nr. 1" des Kölner Karnevals klingt dann auch eher wie ein wohlfeiles Schülergedicht. „Herbei, herbei ihr Leute, ihr lieben Leute schaut! Dem Karneval wird heute sein neuer Thron gebaut." Geschrieben hatte es ein Schriftsteller aus Thüringen, der in Köln zum „Hofpoeten" („Literat" heißt diese Rolle heute) wurde, Dr. Christian Samuel Schier.

Das 1859 entstandene Lied über die resolute Dienstmagd „Schnüsse Tring" ist eins der ersten kölschen Milieulieder.

Gesungen wurde Schiers Text zur so genannten „Cölner Melodie". Die kannten damals alle. Bei privaten Feiern machen wir das heute übrigens noch genauso. Wenn jemand zu einem Geburtstag oder Jubiläum besonders geehrt werden soll, textet der Freundeskreis gerne etwas, das zu demjenigen passt. Heißt die Jubilarin beispielsweise Sarah, zählen die Freunde auf, bei welchen Unternehmungen diese Sarah unverzichtbar ist. Sie singen das etwa zur Melodie von Udo Jürgens Schlager „Aber bitte mit Sahne", der dann abgeändert wird in „Aber bitte mit Sarah".

Cover-Versionen hört man nicht nur im privaten Kreis. Auch auf den Karnevalsbühnen machen sie sich breit. Wenn King Size Dick „Kölle am Rhing" singt, dann tut er das zur Melodie des „Jahrhundertschlagers" „New York, New York". Oder wenn Marita Köllner auffordert „Loss mer zesamme d'r Karneval fiere" dann lautet das Original von Tom Astor „Junger Adler". Die Interpreten müssen heute viel Geld bezahlen, wenn sie Melodien von anderen Musikern benutzen. Die GEMA ist ein Kontrollgremium, das genau darauf achtet, dass die Urheber von Melodien nicht einfach „bestohlen" werden. Vor hundert Jahren fand man nichts Unrechtes dabei, Melodien noch kreuz und quer zu klauen.

Man kann sich ausmalen, wie stiefstaats die hochdeutschen Lieder der Anfangszeit klangen. Doch es gab auch witzige Ideen. Das junge Comité hatte einen Musiker in seinen Reihen, der eigene Melodien komponieren konnte. Als „Hofkomponist" wurde er der „Fastelovends-Hit-Schreiber" seiner Zeit. Dummerweise lag ihm aber nicht das Texten. Also schrieb er „Lieder ohne Worte". Sie wurden dann auf „Lalala" gesungen. Für die Mitte des Liedes ließ er sich aber etwas Lustiges einfallen. Dort komponierte er eine Pause. In die hinein durfte das Publikum in jeder Strophe ein anderes Geräusch machen: husten, niesen, hahaha lachen, mit den Gläsern klingeln und so weiter. Erwachsene hatten auch damals schon Spaß daran, sich im Karneval wie Kinder zu benehmen. Der Komponist des Liedes war übrigens in Köln kein Unbekannter. Carl Leibl hieß er und war von Beruf – Domkapellmeister.

Lehrer Welsch und die Schule in der Kaygasse

Lieder sind nun mal Geschmackssache. Ein Lied jedoch gehört zum Muss eines jeden Kölner Schulkinds, egal von wo es mal in die Domstadt zugezogen sein mag: „Die Kaygass Nr. 0". Weil dieser Text allen kölschen Pänz irgendwann mal zu Ohren kommt, soll er zum Abschluss dieses Kapitels erklärt werden. Übrigens darfst du mit diesem Lied auf den Lippen mit der größten Unschuldsmiene dem Lehrer eingestehen, dass du nichts weißt. Dir wird nichts Schlimmes passieren, jedenfalls nicht an Karneval. Und sowieso trifft den Lehrer selber die Schuld, wenn die Schüler nichts wissen. Jedenfalls wird das im Lied behauptet. So lautet die erste Strophe:

En d'r Kaygass Nummer 0
steiht en steinahl Schull,
un do han mer dren studeet.
Unser Lehrer, dä heeß Welsch, sproch en unverfälschtes Kölsch,
un do han mer bei geleet.
Un mer han off hin un her üverlaht
un han för dä Lehrer gesaht:
„Nä, nä, dat wesse mer nit mieh,
ganz bestemmb nit mieh, denn dat han mer nit studeet.
Denn mer woren beim Lehrer Welsch en d'r Klass,
un do han mer sujet nit geleet.
Dreimol Null es Null blievt Null,
denn mer woren en d'r Kaygass en d'r Schull,
dreimol Null es Null blievt Null,
denn mer woren en d'r Kaygass en d'r Schull!"

Karnevalslieder können Stadtgeschichte beschreiben, haben wir eben erfahren. In der Tat hat es den Lehrer Heinrich Welsch gegeben und auch die Schule „Kaygasse" existierte noch bis vor wenigen Jahren als Grundschule. Das ist zwar nicht ganz korrekt, denn sie lag eigentlich um die Ecke, in der Straße „Großer Griechenmarkt". Doch an dem Lied stimmt noch etwas ganz anderes nicht. Denn der Lehrer Welsch hat nie in der Kaygasse unterrichtet.

In Wirklichkeit verhielt es sich so: Heinrich Welsch (1845–1935) war in der Gemeinde Kalk, die damals noch nicht zu Köln gehörte, ein sehr geschätzter Lehrer. Mit seinem weißen Bart war er nicht nur eine Respektsperson, er war auch ein sehr fürsorglicher und moderner Lehrer. Er sah, dass manche Kinder im Unterricht nicht so flink mitkamen wie die anderen. Doch anstatt sie links liegen zu lassen, förderte er sie besonders. Er richtete das ein, was wir heute Förderklassen nennen. Natürlich sprach es sich auch damals schon rum, dass diese Sonderkurse nicht zum Abitur führten. Wenn man was nicht wusste, so hieß es scherzhaft in Kalk, „dann bes do wohl beim Lehrer Welsch en d'r Klass". Aus der Schule des Lehrer Welsch in der Hollweghstraße wurde später tatsächlich eine besondere, eine Förderschule (heute Schule Martin-Köllen-Straße). Auf der gegenüberliegenden Rheinseite, in der Stadt Köln, wurde im Viertel um den Großen Griechenmarkt in der Kaygasse eine Kölner Hilfsschule (so hießen Förderschulen früher) gegründet. Auch hier war es eine beliebte Redensart, jemanden, der etwas nicht wusste, mit der Bemerkung aufzuziehen: „Ich gläuv, do wors en d'r Kaygass en d'r Schull."

Heute erinnert noch eine Gedenktafel an die legendäre „Schull in der Kaygass".

Als die Musikgruppe „Drei Laachduve" 1937 ein Lied auf diese besondere Schule machte, versetzte ihr Texter Will Herkenrath den Lehrer Welsch in dichterischer Freiheit aus dem rechtsrheinischen Kalk in die linksrheinische Kaygasse. Es sollte sich reimen: Kölsch und Welsch. Als später die beliebte Gruppe „Vier Botze" das Lied in ihr Programm aufnahm, trat es seinen Siegeszug durchs Rheinland an. Als „Hymne der Kölner Schulkinder" ist „3 x 0" heute in jeder Klasse wie auf Knopfdruck abrufbar.

Wie verläuft eine

Karnevalssession?

Ein Spaziergang mit närrischen Etappen

Karneval ist ein Volksfest. Grundsätzlich haben da alle Menschen Zutritt: Groß und Klein, Arm und Reich, Alt und Jung. Natürlich wird nicht allen alles gefallen. Auch ist nicht alles für jeden geeignet. Es gilt auszuwählen. Dazu ist es gut zu wissen, wie so eine Karnevalssession überhaupt abläuft und was sie anbietet. Sie gliedert sich in drei Phasen: Eröffnung, Sitzungs- oder Saalkarneval, Straßenkarneval.

Lass uns mal von Anfang bis Ende durch sie hindurch spazieren. Unterwegs erzähle ich dir an den einzelnen Stationen, was passiert und ob es etwas für dich sein könnte.

Sessionseröffnung am 11.11.

Eröffnet wird eine Session immer am 11. November eines jeden Jahres. Dieser Tag war schon früher Anlass für fröhliche Feiern. Er hatte zu Zeiten, als die Arbeitswelt noch sehr von der Landwirtschaft geprägt war, eine besondere Bedeutung. Nicht die Martinsumzüge, die bis heute immer um den 11.11. herum stattfinden, standen im Mittelpunkt. Ganz wichtig war dieser „Martini-Tag" für die Beschäftigten auf den Bauernhöfen. Gesinde hießen sie. Sie erhielten dann ihren Lohn. Oft war es ein Jahreslohn, denn eingestellt wurde nur für die Zeit, in der es auf Hof und Feld auch etwas zu arbeiten gab. Damit war nach Einlagern der Ernte Schluss. Auch andere Zahlungen wurden am 11.11. getätigt. Wer Güter oder Land geliehen hatte, zahlte an dem Tag Pachtzins (eine Art Miete). Die wurde oft in Form von Naturalwaren, zum Beispiel einer dicken Martinsgans, fällig.

Der frische Lohn in der Tasche verlockte, kräftig zu bechern. Zumal am nächsten Tag Schluss mit lustig war. Auf den 11.11. folgte nämlich eine Fastenzeit. Nicht die, die wir heute kennen, sondern eine zusätzliche. Nach dem Martinstag begann das so genannte Adventsfasten. Dieses sollte die Menschen auf die Weihnachtszeit vorbereiten. Ähnlich, wie wir es zu Anfang des Buches vom Fasten vor

Wie verläuft eine Karnevalssession? 93

Viele tausend Menschen wollen in jedem Jahr die Sessionseröffnung in der Kölner Altstadt am 11.11. miterleben.

Ostern gehört haben. Gefastet wird in der Vorweihnachtszeit heute nicht mehr. Aber der Karneval hat trotzdem erst mal Pause, bis Neujahr. Die Stadt ist jetzt mit Weihnachtsvorbereitungen beschäftigt. Eigentlich will der Elfte im Elften als kleiner Vor-Fastnachtstag nur einen Vorgeschmack auf das kommende Fest geben. Das Dreigestirn und neue Lieder werden der Öffentlichkeit vorgestellt. Ansonsten trifft man sich in den Vereinen, um letzte Vorbereitungen zu treffen (die großen Planungen sind längst gelaufen). Die Menschenmassen, die in der Fernsehübertragung vom Heumarkt bei der Sessionseröffnung zu sehen sind, sind für den Anlass eigentlich viel zu riesig. Aber an so einem Tag fühlen sich tausende aus dem Umland von der Jecken-Hochburg Köln angezogen.

Die einstigen Feiern am Martini-Tag sind nicht die einzige Erklärung dafür, dass die närrische Session am Elften im Elften beginnt. Elf ist die Narrenzahl *(warum sie es wurde, erfährst du im kleinen Karnevalslexikon auf S. 141)*. Alles, was mit ihr zu tun hat, gibt Anlass zu närrischen Feiern. Jubiläen feiern die Karnevalisten folglich nicht nur bei Zeitangaben, die man durch 10 teilen kann, sondern auch bei allen, in denen die Elf steckt. Deshalb gibt es im Karneval so viele Jubiläen, beispielsweise bei 10, 11, 20, 22, 25, 30, 33 Jahren. Da bietet sich kein Datum treffender für die Sessionseröffnung an als der 11.11., um Punkt 11 Uhr 11. „Session" wird übrigens gesprochen wie geschrieben, also nicht englisch „Szeschen". Auch „Saison" sagt man nicht.

Saalkarneval

Eigentlich dauert die „Weihnachtspause" nach dem Sessionsbeginn bis zum Tag „Heilige Drei Könige" am 6. Januar. Doch wenn Aschermittwoch auf ein frühes Datum fällt, fürchten die Karnevalisten, es könnte knapp werden mit den vielen Terminen, die nun auf sie zukommen. Also beginnen die meisten mit dem Umschalten von Weihnachts- auf Karnevalszeit gleich in der Neujahrsnacht. In manchen Familien hängen dann bald die ersten Orden im Tannenbaum. Von jetzt an gibt es in Köln keinen Tag, an dem nicht Karnevalsveranstaltungen stattfinden. An den Wochenenden sind es so viele, dass die großen Säle schon ein, zwei Jahre im Voraus gemietet werden müssen.

Korpsappelle

Nicht alles, was während der ersten Tage in den Sälen abläuft, sind Sitzungen. Für Außenstehende sieht das allerdings so aus. Die großen Gesellschaften treffen sich erst einmal zu vereinseigenen Veranstaltungen. „Korpsappelle" nennen die sich bei den Traditionskorps. Du weißt ja, dass die die früheren Soldatenheere nachspielen. Die ließ man auch vor jedem Einsatz antreten und auf ihre Tauglichkeit prüfen. Bei der Gelegenheit werden auch alte Mitglieder befördert und neue aufgenommen und vereidigt. Du hast richtig gehört: Neue Mitglieder, Rekruten heißen sie, müssen einen Eid leisten, das heißt schwören. Was sich so militärisch anhört, ist wieder ein Beispiel für eine Parodie. Denn die Rekruten schwören nicht nur, dass sie im Verein gute Kameraden sein wollen. Sie verpflichten sich auch, reichlich Spaß zu machen. So richtigen Erwachsenen-Spaß, wie viel trinken und Frauen küssen. Allerdings müssen sie auch versprechen, hierbei nichts zu übertreiben. Am „Rote-Funken-Plätzchen", seitlich der Straße „Buttermarkt" in der Altstadt, ist der Eid dieses Korps übrigens an einer Mauer eingemeißelt zu lesen.

Proklamation

Gleich nach dem Dreikönigstag erlebt die junge Session ihren ersten Höhepunkt: Das Kölner Dreigestirn wird proklamiert. Proklamation ist eine feierliche Einführung von Herrschern. Von nun an herrschen Prinz, Bauer und Jungfrau in der Stadt. Der Oberbürgermeister (OB) gibt seine Macht an die Narrenherrscher ab. Natürlich ist auch das nur ein Spiel, es ist symbolisch gemeint. In Wirklichkeit bleibt im Kölner Rathaus alles beim Alten. Als Zeichen der Macht trägt der Bauer die Schlüssel der Stadttore an seinem Gürtel, die Jungfrau erhält einen Spiegel, in dem sie sich – und damit die Schönheit der Stadt Köln – beschauen kann, und der Prinz schwingt von nun an eine Pritsche, die eine Anspielung auf das Zepter echter Könige darstellt.

Am Rote-Funken-Plätzchen in der Kölner Altstadt

Mit dem Festakt werden die drei zu den obersten Repräsentanten der Karnevalshochburg Köln. Nach einem triumphalen Einmarsch, Austausch von Geschenken, Orden und „Antrittsrede" darf jeder der drei Herren auf einem Thron Platz nehmen. Ihnen zu Ehre wird im Gürzenich-Saal ein besonderes Programm geboten. Darüber diskutiert das festlich gekleidete – und teuer bezahlende – Publikum noch lange. Den einen ist es zu festlich und zu wenig kölsch. Die anderen hätten gerne noch mehr Glanz und weniger Volkstümlichkeit. Wenn die Diskussionen über die Proklamation losgehen, weiß man in Köln: Der Sitzungskarneval hat begonnen.

Eine der ersten „Amtshandlungen" des „Trifoliums" (das ist ein anderes Wort für Dreigestirn) ist der Besuch bei seinen „jungen Kollegen", dem Kölner Kinderdreigestirn. Das wird nämlich gleich am nächsten Tag proklamiert. Ihm übergibt der Festkomiteepräsident die gleichen Insignien (Schlüssel, Spiegel, Pritsche), wie sie das „große" Dreigestirn vom OB bekam. Alles fällt etwas kleiner aus, aber sonst sind Ausstattung und Kostüme haargenau wie bei den Großen. Das Kinderdreigestirn hat ebenfalls Helfer im Hintergrund. Eine kleine Wache mit Fahnenträger und Adjutanten zieht von nun an mit ihnen durch die Säle. Bis zu hundert Mal wird das sein. Ein Kinderdreigestirn tritt oft bei Sozialveranstaltungen auf. Das sind Sitzungen in Senioren- und Krankenhäusern. Selbstverständlich beehrt es auch die speziellen Veranstaltungen für Kinder. Es fährt in einer eigenen Kutsche im Rosenmontagszug mit und am Karnevalsdienstag im Ehrenfelder Zug. In diesem Stadtteil entstand auch die Idee, dem großen ein Dreigestirn für Kinder hinzuzugesellen. Die „Bürgergarde blau-gold von 1904" aus Ehrenfeld betreut es seitdem.

Auf den ersten Blick sieht das Kinderdreigestirn wie eine verkleinerte Kopie des großen Dreigestirns aus. Einen wichtigen Unterschied gibt es aber: Die Jungfrau wird immer von einem Mädchen dargestellt und nicht wie bei den großen von einem Mann. Der

Höhepunkt einer Sitzung ist der Besuch des Kölner Dreigestirns.

Wie verläuft eine Karnevalssession? 97

macht sich ja jedes Mal einen Spaß daraus, als Frau verkleidet durch die Säle zu ziehen. Für Jungs ist es aber nicht spaßig, über Wochen als Mädchen in der Zeitung abgebildet zu sein. Die Darsteller des Kinderdreigestirns sind so zwischen neun und elf Jahren alt. Da hat man vielleicht schon mal gerne was mit Mädchen (oder als Mädchen mit Jungs). Aber sich als Mädchen oder Junge zu verkleiden, mögen die meisten in diesem Alter nicht.

Mehr über die Geschichte und Bedeutung des Dreigestirns erfährst du ab Seite 60 und im Karnevalslexikon auf S. 140.

Am Tag nach den „Großen" werden Schulkinder zu Prinz, Bauer und Jungfrau im Kölner Kinderdreigestirn proklamiert.

Sitzungen

Ebenfalls im Karnevalslexikon ist nachzulesen, wie und woraus Sitzungen entstanden sind. Auch welche Unterschiede es gibt, etwa zwischen Prunk-, Fremden-, Kostüm-, Herren- und Mädchensitzungen, steht dort genauer. Hier wollen wir es bei der Feststellung belassen, dass solche Unterschiede immer mehr verschwinden und dass dieses Thema für Kinder völlig egal ist. Es sei denn, sie treten dort mit einer Gruppe auf. *Darüber und über spezielle Kindersitzungen findest du ein eigenes Kapitel auf S. 122.*

Sitzungen sind neben den Umzügen das Kernstück des Karnevals. Für Köln sind sie Aushängeschild („Fernsehsitzung") und Problemkind gleichermaßen. Zu Karnevalssitzungen kommen Menschen, um unterhalten zu werden. Sie hören witzige Reden und jede Menge Musik. Hinzu kommen die lustigen Tanzauftritte der Korps und die akrobatischen Vorführungen der Tanzgruppen. Meist herrscht eine gute Stimmung, oft sogar Ausgelassenheit, besonders, wenn die Besucher im Kostüm erscheinen. Wer das im Fernsehen sieht, beneidet Köln um die tollen Programme.

In vielen Auswärtigen wächst der Wunsch, eine Kölner Sitzung einmal live zu erleben. Sie kommen dann zu uns mit der Erwartung, unbedingt die aus dem Fernsehen bekannten Bands und Spitzenredner zu erleben. Die können jedoch nicht in allen Sälen zugleich sein.

Vor einem prächtigen Bühnenbild eröffnet ein Tanz- und Musikkorps das Sitzungsprogramm.

Außerdem bekommen sie hohe Gagen. Ein Star-Redner kann für seinen Zwanzig-Minuten-Auftritt so viel verlangen, wie manche Verkäuferin für einen halben Monat Arbeit ausgezahlt bekommt. So ist das, wenn man populär ist. Hohe Gagen können aber nur gezahlt werden, wenn hohe Eintrittspreise genommen werden. Das will natürlich keiner. Nimmt man geringeren Eintritt, müssten sehr, sehr viele Besucher kommen, um die Kosten zu decken. Also braucht man riesige Säle. Davon gibt es aber nicht genügend und sehen tut man von den hinteren Plätzen auch nicht gut. Zum besseren Hören werden die Lautsprecherboxen aufgedreht.

Auch solche Überlegungen sind für Kinder eigentlich uninteressant. Aber du wirst so vielleicht verstehen, dass auch ein fröhliches Fest trotz seines tollen Images Probleme haben kann und warum es manchmal heißt, die Sitzungen seien zu lang, zu laut, zu teuer. Oder auch: zu viele. Alleine in Köln werden in jeder Session einige hundert Sitzungen veranstaltet.

Karnevalssitzungen haben unterschiedlichen Charakter. Der hängt sehr von der veranstaltenden Gesellschaft und dem Präsidenten ab, der sie leitet. Ihr Ablauf ist jedoch überall ähnlich. Der Präsident zieht mit dem Elferrat auf. Ein Tanz-, Musikkorps oder ein Gesangschor stimmt ins Programm ein. Dann folgen im Zwanzig- bis Dreißig-Minuten-Takt Redner, Bands, weitere Tänzer. Die Kapelle spielt Ein- und Ausmärsche und unterstreicht Witze mit einem Tusch. Über fünf, sechs Stunden lang geht das insgesamt. Zwischendurch begrüßt der Präsident Gäste und sagt die Auftretenden an. Die erhalten als Dank zu ihrer Gage meist noch einen Orden und natürlich ein „dreifaches Alaaf". Eine „Rakete" gibt es für herausragende Vorträge. Der Präsident gibt dem Publikum dazu ein Kommando. Daraufhin machen die Leute viel Radau, sie trampeln, klatschen, pfeifen und rufen am Schluss: „Aaaaah, peng!!" Das heißt, „die Rakete hat gezündet". Du siehst, die Begriffe aus der Militärsprache haben sich im Karneval gehalten. Angewendet werden sie aber nur, damit Erwachsene mal wieder Quatsch machen können, friedlich und völlig harmlos.

Wie verläuft eine Karnevalssession?

Sitzungen gehören zur Karnevalstradition. Viele Menschen lieben sie deswegen, für andere ist das ein Kritikpunkt. Denn die Ablaufmuster in den Sitzungssälen bleiben gleich. Diese Routine war mal mit ein Grund dafür, dass junge Leute kräftig gegen die überkommenen Formen anstänkerten. Sie gründeten die „Stunksitzung". Das war ungefähr zu der Zeit, als deine Eltern noch zur Schule gingen. Der „Stunk" wurde so beliebt, dass er von der kleinen Studiobühne in der Uni in das große Mülheimer E-Werk umzog. Dort wird er inzwischen etwa 40- bis 50-mal in der Session gespielt. Immer vor vollem Haus. Aber auch immer mit haargenau demselben Ablauf.

Seit 1984 erfreut sich die Stunksitzung großer Beliebtheit. Ihr „Stänkern" gegen den traditionellen Karneval ist eine andere Form des närrischen Spiels.

Auf den Sitzungen der Festkomitee-Gesellschaften ist das Bühnenprogramm an jedem Abend ein anderes. Aber die Auftritte der umherreisenden Redner, Sänger, Tänzer und Musiker bleiben gleich. Ein Redner hält bei sechs Auftritten am Abend natürlich nicht sechs verschiedene Vorträge. Er bleibt bei dem, den er für die Session eingeübt hat. Unterschiedlich ist jedoch die Mischung, aus der das Programm zusammengesetzt wird. Dafür ist der Literat einer Karnevalsgesellschaft zuständig. Auch kurzfristige Änderungen, etwa wenn eine Programmnummer plötzlich ausfällt, muss er blitzschnell bewältigen. An seinem Geschick und an der Art, wie der Präsident das Programm dem Publikum „verkauft", hängt der Erfolg einer Sitzung. Es kann durchaus sein, dass Besucher sich bestens amüsieren, obwohl sie einige Programmnummern schon mehrmals gehört haben. Außerdem reagiert das Publikum von Saal zu Saal verschieden. Eine Rede, die um 21 Uhr 30 nur müden Höflichkeitsapplaus einbrachte, kann um 22 Uhr 20 in einem anderen Saal zu Beifallsstürmen hinreißen. An diesen Uhrzeiten merkst du aber auch, dass Sitzungen in den großen Sälen noch nichts für Kinder sind.

Sitzungen in Pfarreien und Schulen

Viele Schulen und Pfarreien (meist katholische) veranstalten eine eigene Karnevalssitzung. Manchmal tritt dort – ohne Gage – ein Star aus dem Fernsehkarneval auf. Vielleicht wohnt er in der Pfarre oder sein Kind geht zu der betreffenden Schule. In der Regel aber bieten Pfarr- und Schulsitzungen eher Programme von „Namenlosen". Das kann trotzdem sehr lustig sein. Und da haben auch Kinder schon was von.

Auf Schulsitzungen treten keine umherreisenden Büttenredner auf. Wer hier etwas vorträgt, hat sich den Text meistens nur für die-

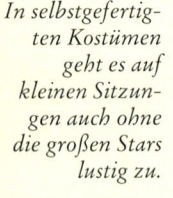

In selbstgefertigten Kostümen geht es auf kleinen Sitzungen auch ohne die großen Stars lustig zu.

sen einen Auftritt ausgedacht. Da muss auch nicht alles perfekt sein. Hier ist man unter sich. Auf kleinen Pfarrsitzungen werden statt der Lehrer Pastor, Gemeindemitarbeiter oder Pfarrgemeinderat durch den Kakao gezogen. Manchmal gehen die aber auch selber in die Bütt.

Solche Veranstaltungen im Pfarrsälchen oder in der kleinen Schulaula haben nichts von der Popularität des Fernsehkarnevals. Doch sie sprechen die an, die dort Gast sind. Hier fühlt man sich persönlich einbezogen. Wenn du am Karneval Spaß hast, lasse dich ermuntern, bei so einer kleinen Sitzung mitzumachen. Hinter oder vor der Kulisse werden immer welche gebraucht. Beiträge aus den eigenen Reihen sind für die Zukunft des Karnevals wichtiger als „eingekaufte Nummern", die man überall hören kann.

Im Kapitel „Wie Kinder Karneval feiern können" ab S. 120 findest du Beispiele, wo und wie du dich einbringen kannst.

Bälle

Schulfeten enden an Karneval immer mit Disco. Nach dem Bühnenprogramm wollt ihr euch selber bewegen. Oft auch schon zwischendurch. Die Grenze zwischen Sitzung und Tanz ist bei Veranstaltungen für Jugendliche nicht starr. Ähnliche Entwicklungen zeigt auch der Gesellschaftskarneval. Vor allem die jüngeren Erwachsenen wollen nicht mehr fünf, sechs Stunden nur sitzen, zuhören und konsumieren. Manche Veranstalter kürzen deshalb das Sitzungsprogramm und bieten in der zweiten Hälfte Tanzmusik an. Umgekehrt lockt man auf Bällen (das sind Tanzveranstaltungen) mit Programmeinlagen. Da werden Bandauftritte, Tanzgruppen, Witzeerzähler und auch der Besuch des Dreigestirns als Tanzpausen eingestreut. Diese Mischformen sind ein Trend, der sich ungefähr seit Beginn des neuen Jahrhunderts breit macht. Feste unterliegen immer einem Wandel. So entstehen auch neue Namen. „Ko-Si-Ba" nennt die KG „Kölnische" eine beliebte neue Veranstaltungsform. Hier gibt es alles in einem: **Ko**stüm, **Si**tzung, **Ba**ll.

In vielen Bereichen der Gesellschaft gab es früher strengere Abgrenzungen. Die drückten sich besonders in dem aus, was man zu bestimmten Anlässen anzog. Zu einer Sitzung erschien man in nor-

Tanzen, flirten, sich näher kommen – auch das gehört zu einem Ball.

maler „Sonntagskleidung", zu manchen auch in festlicher Abendgarderobe. Es wäre keinem eingefallen, bunt gekleidet eine Sitzung im Januar zu besuchen. Veranstaltungen im Kostüm waren den letzten Tagen vor dem Karnevalswochenende vorbehalten. Auch auf einigen Sitzungen waren sie dann erwünscht. Doch eigentlich waren Kostüme mehr für Tanzveranstaltungen gedacht. Kostüm- oder Maskenbälle hießen die.

Der Reiz eines Maskenballs lag nicht nur im Tanzen. Freude machte es vor allem, unerkannt zu bleiben. Manche trugen wirklich eine Maske vor dem Gesicht. Im Schutz der Verkleidung konnte man Dinge tun, die man sich im Alltag nicht so ohne weiteres getraut hätte. Natürlich drehte es sich nicht wie bei maskierten Bankräubern um kriminelle Absichten. Hauptsächlich ging es ums Flirten. Da fühlten sich die Menschen außerhalb des Karnevals nicht so frei wie heute. In ganz früheren, in höfischen Zeiten, war sogar fest-

Wie verläuft eine Karnevalssession?

gelegt, wer mit wem wann anbandeln durfte. So starre Regeln gab es zu Zeiten deiner Großeltern nicht mehr. Aber ein Kostüm konnte schon nachhelfen, dass sie sich etwas kesser und eroberungslustiger fühlten, wenn sie durch die Säle der großen Ballhäuser schwärmten. Da hat mancher „Pirat" seine „Carmen" kennen gelernt. Überraschungsmomente gab es in der Stunde der „Demaskierung". Die war gegen Mitternacht. Entzückung und Enttäuschung konnten nahe beieinander liegen, wenn sich das Geheimnis um den Unbekannten bzw. die Unbekannte lüftete.

Solche Art von Maskenbällen gibt es nicht mehr. Getanzt wird aber weiterhin gerne. Und selbstverständlich lieben die Erwachsenen weiterhin solche Flirt-Spielchen. Allerdings brauchen sie dafür nicht mehr den Karneval. Unser Alltag lässt solche Freiheiten das ganze Jahr über zu. An Karneval will man sie halt besonders ausgelassen erleben und „abtanzen".

Auf den „Künstlerbällen" der 1920er-Jahre ging es in originellen Kostümen besonders ausgelassen zu.

Straßenkarneval

Nach wochenlangen Zeiten im Saal (manchmal bis zu acht Wochen) ist es an Weiberfastnacht endlich so weit: Der Karneval geht auf die Straße. In vielen Stadtvierteln finden kleine Eröffnungsfeiern statt. Die große zentrale ist traditionell auf dem Alter Markt, wo das Dreigestirn im Rahmen eines Non-Stop-Bühnenprogramms für die nächsten Tage den närrischen Ausnahmezustand über Köln ausruft. Tatsächlich ist ab jetzt in der Stadt nichts mehr normal.

In der Altstadt ist für den Verkehr kein Durchkommen mehr, und in den Büros ist an vernünftige Arbeit nicht mehr zu denken. Die Geschäfte schließen spätestens am Mittag, und die, die am Weg des Rosenmontagszugs liegen, verkleiden ihre Schaufensterscheiben, damit sie bei dem zu erwartenden Gedränge nicht zu Bruch gehen. In den Straßenbahnen wirst du kaum jemanden sehen, der nicht ein buntes Teil trägt. Die meisten sind voll kostümiert und geschminkt.

Das Korps der Altstädter eröffnet traditionell den Straßenkarneval am Alter Markt.

Wenn so viele verkleidete Menschen in Erwartung ausgelassener Stunden sich singend und scherzend an einem Ort treffen, kann es wunderschön werden. Es kann aber auch sehr ungemütlich werden. Vor allem, wenn sie die Spielregeln des „verrückten Festes" nicht kennen. Wenn sie meinen, für eine gute Stimmung reicht es, nur zu kommen, zu grölen und viel Alkohol zu trinken. Wenn du solchen Gruppen begegnest, mache dich besser aus dem Staub. Fröhlich kann es bei denen nicht werden.

Leider sind solche Problemgruppen an den „tollen Tagen" vermehrt in der Stadt. Um Köln herum wird schließlich kein Graben gezogen wie um das Fußballfeld im Stadion. Auch ist alles im Freien kostenlos zugänglich. Die Beschreibung des Straßenkarnevals soll sich deshalb auf Orte beziehen, die für Kinder geeignet sind. Es sind Veranstaltungen, bei denen die Freude größer sein dürfte als die Vorsicht. Die allerdings braucht es ebenso wie sonst im Straßenverkehr. Deshalb gelten die nachfolgenden Tipps auch für die Erwachsenen. Die tollen Tage im Freien sind etwas für den Familien- und Freundeskreis. Kinder alleine haben da nur selten was zu suchen.

Weiberfastnacht

Es ist schon passend, dass der Tag nicht „Kinderfastnacht" heißt. Der eigentliche Wieverfastelovend op d'r Stroß, wie es auf Kölsch heißt, ist kein Tag für Kinder. Nett und unbedenklich sind natürlich die karnevalistischen Feiern, die in vielen Schulen am Vormittag stattfinden. Vermehrt gestalten die Schulen diesen Tag, nachdem sie lange Zeit die Schüler – sei es aus Bequemlichkeit, Resignation oder Beliebigkeit – in die Stadt ziehen ließen. Einige Familien lassen sich Kostümpartys für die Kleinen einfallen oder planen einen Besuch der Kinderpuppensitzung im Hänneschentheater. Denn so ganz „normal" will man im Rheinland diesen Tag auch nicht verstreichen lassen.

Von der Idee her könnte das Spiel um „Jan und Griet" am Severinstor ein Thema für Kinder sein. Die Karnevalsgesellschaft „Jan

Jan und Griet und das Reiterkorps Jan von Werth spielen nach, wie es einst hätte gewesen sein können: „Wer et hätt jedon – wer et hätt jewoss!"

von Werth" spielt dort die Szene einer Kölner Sage nach, die vom Reitergeneral mit gleichem Namen handelt. Dieser begehrt, als er noch Knecht ist, die Magd Margarete, kölsch „Griet". Doch der ist so ein einfacher Knecht nicht gut genug. Jan wird Soldat und bringt es im Dreißigjährigen Krieg zu Beförderungen, wird sogar General. Nach Jahrzehnten der Abwesenheit kommt er mit Gefolge nach Köln zurück. Als er durchs Severinstor in die Stadt hineinreitet, sitzt dort Griet als einfache Obstverkäuferin und bedauert nun ihren damaligen Hochmut. „Hätte ich das gewusst", sagt sie, als sie ihn erkennt. Sie meint damit, hätte sie seine Karriere voraussehen können. Jan hatte ihr nämlich zugerufen: „Hättest du es lieber getan." Damit meinte er, ihn zu heiraten, als er noch ein einfacher Knecht war.

Die Geschichte mit großem Reitertross und leibhaftigen Jan- und Griet-Darstellern nachzuspielen, ist eine nette Absicht. Die zentralen kölschen Sätze der Sage „Wer et hätt jedon – wer et hätt jewoss" lernen Grundschulkinder noch heute. Sie gehen aber im alkoholgezeichneten Gewühle rund um das Severinstor unter. Der nachfolgende kleine Umzug kann sich am Nachmittag nur mühsam Bahn durch die Severinsstraße schaffen. Für Kinder ist die Veranstaltung nicht geeignet.

Können Kinder überhaupt irgendwo am Straßenkarneval dieses Tages teilhaben? Seit einigen Jahren gibt es ein Angebot. Es spricht Kinder im Alter der weiterführenden Schulen an, die schon mit den Aktivitäten der Jugendlichen liebäugeln. Für sie findet auf dem Neumarkt die „Jeck Dance Party", eine Riesenfete mit Live-Bands statt. Stadtverwaltung und Festkomitee bieten mit Sponsorenhilfe eine Alternativveranstaltung zur Altstadt an. Das Motto „Keine Kurzen für die Kurzen" bedeutet, dass kein Alkohol ausgeschenkt wird.

Erklärungen zur Bedeutung und Herkunft der Weiberfastnacht findest du im Karnevalslexikon.

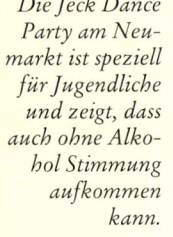

Die Jeck Dance Party am Neumarkt ist speziell für Jugendliche und zeigt, dass auch ohne Alkohol Stimmung aufkommen kann.

Karnevalsfreitag

Das ist noch mal ein „Ruhetag" vor dem Sturm der nächsten Tage. Die Geschäfte haben normale Öffnungszeiten. Stimmungsvoll und für Familien gut und gefahrlos zugänglich ist es am Abend um den Alter Markt. Sternförmig kommen aus den umliegenden Gassen die Veedelsvereine zu einem kleinen Programm vor der Tribüne zusammen. Top-Gruppen sind dort zum Nulltarif zu hören. Für Kinder liegt der Reiz beim „Sternmarsch" im Anblick der verschiedenartigen Kostüme aus nächster Nähe und vor allem im Lichterspiel.

Wie verläuft eine Karnevalssession? 107

Bei stimmungsvollem Licht ziehen die Veedelsvereine zum Alter Markt.

Denn was da in der Dämmerung beginnt, endet im Dunkeln bei Fackelschein. Von den Freiluftveranstaltungen am Karnevalswochenende ist der Sternmarsch die intimste. Kölner sind mit einigen Gästen noch einmal unter sich, bevor dann bald die närrischen Massen von außerhalb in die Fastelovendshochburg strömen.

Karnevalssamstag

Auch der ist für Familien ein eher ruhiger Tag. In einigen Vororten gehen schon Umzüge. Im Zentrum, auf dem Neumarkt, halten die Roten Funken ihr traditionelles Biwak ab. Bei zünftiger Erbsensuppe kann man dort die Auftritte verschiedener Traditionskorps erleben. Allerdings brauchen die Kleinen dazu schon Papas Schultern als Tribünenplatz, um über die Menschenmenge hinweg sehen zu können.

Vor einigen Jahren noch hätte man den Geisterzug am Samstagabend empfehlen können. Dem gaben seine Veranstalter immer ein politisches Motto. Das war vereinfacht auch Kindern zugänglich, denn Forderungen nach Chancen und Gerechtigkeit für alle in der Welt werden auch in der Grundschule schon behandelt. Doch solche gut gemeinten Absichten vermitteln sich heute nicht mehr im

Schaurig-schöne Gestalten im Geisterzug

Umzug. Oft ist er als solcher gar nicht zu erkennen. Etwas Chaos war zwar stets einkalkuliert. Doch geblieben sind überwiegend Staus und allgemeine Ratlosigkeit, wo „es denn lang geht". Das wichtigste Kostümteil der Menschenmassen scheint die in der Hand gehaltene Bierflasche zu sein. Die einst dominierenden Gruselkostüme und ideenreichen Mini-Inszenierungen sind selten geworden. Kinder hatten am Schaurig-Schönen ihren Spaß. Gegen mögliche Angst konnten sie kräftig antrommeln.

Vielleicht schläft der Geisterzug ein. Vielleicht kommen für ihn aber auch noch mal andere Zeiten? *Mehr über ihn erfährst du im Karnevalslexikon.*

Karnevalssonntag

Ein echter Familientag ist der Sonntag. Ab Mittag ziehen die Schull- und Veedelszög durch Köln. Deren Besuch ist auch uneingeschränkt Gästen und Neu-Kölnern mit Kindern zu empfehlen. Die Gefahren sind klein. Kaum Pferde ziehen mit und die Wagengrößen sind überschaubar. Weil erheblich weniger Kamelle geworfen werden als an Rosenmontag, kommt auch kein Raffgedränge am Straßenrand auf. Die Dichte der Zuschauerreihen ist so, dass Rückzugsmöglichkeiten jederzeit gegeben sind.

Obwohl gegenüber dem Rosenmontagszug alles bescheidener ausfällt, strahlt dennoch etwas von dessen Glanz. Denn der Zug der Schulen und Veedelsgruppen zieht genau entlang der Rosenmontagsstrecke, also über die bekannten Kölner Straßen und Plätze, vorbei an den großen Tribünen. Vorbereitet wird er ohnehin so sorgfältig wie der „große Bruder" am Montag. Die Details der Kostüme und der Inszenierung, die Ideen der Gruppen auf Plakaten und Wagen sind aus nächster Nähe zu erkennen.

Gemeinschaftskostüme sind im Veedelszoch beliebt ...

Wie verläuft eine Karnevalssession? 109

Noch erlebnisreicher als am Straßenrand zuzuschauen ist es, im Umzug mitzuziehen. Bei den Veedelsvereinen wird das „mal eben so" schwer möglich sein. Da braucht es schon etwas Vorlaufzeit im Verein. Doch bei den „Schullzög" haben selbst Neuankömmlinge in Köln rasch eine Chance. Sämtliche Schulformen und alle Altersstufen sind im Zug vertreten, vom Grundschulkind bis zum Abiturienten, Rollstuhlfahrer ebenso wie Musikschüler mit eigener Band. Eltern und Lehrer sind Begleitpersonen. Wenn Eltern und Kinder das Angebot einer Zugteilnahme ihrer Schule nutzen, kommt natürlich vorbereitende Arbeit auf sie zu. Doch „Neue" können sich nirgends sonst im Schulleben so schnell integrieren. Und spaßig wird's meist obendrein. *Was „Schull- und Veedelszög" bedeutet und wann sie entstanden sind, kannst du im kleinen Karnevalslexikon in diesem Buch nachlesen.*

... und entfalten eine besondere Gruppenwirkung.

Rosenmontag

Im Kalender steht Rosenmontag als ganz normaler Arbeitstag, für Rheinländer aber ist er der „höchste Feiertag". Die Menschen nehmen sich an ihm frei. An vernünftige Arbeit ist ohnehin nicht zu denken. Die Geschäfte in der City öffnen erst gar nicht, und Kölner Schulen sind Rosenmontag immer geschlossen.

Vielfältig sind die Möglichkeiten, diesen Tag zu nutzen. Du kannst im Bett liegen bleiben und faulenzen. Wenn's sein muss, ok. Du kannst mit deinen Eltern in einem Möbelhaus am Stadtrand einkaufen gehen. Das darf man machen, ist aber nicht der Zweck, zu dem du frei bekommst, auch wenn die Werbung der Möbelhäuser anderes sagt. Auch die Wohnung zu renovieren oder in Skiferien zu fahren ist nicht verboten. Doch auch das ist nicht der Sinn der „Brauchtumstage", wie Karneval in der Schulbehörde heißt.

An Rosenmontag sollte der Rosenmontagszug für dich das sein, was er für über eine Million Besucher ist: Ziel und Höhepunkt der

Strahlender Schluss- und Höhepunkt des Rosenmontagszugs ist der Prinzenwagen.

Session. Kölsche jon no'm Zoch. Was der Tag bedeutet und mit welchen Zahlen er Eindruck macht, findest du wieder im Karnevalslexikon. Hier im Text erfahren deine Eltern und du Tipps, was Kinder machen können. Dass man auch im Fernsehen viel vom Umzug zu sehen bekommt, ist ein Tipp nur für den Fall, dass du krank bist. Rosenmontag im Freien zu feiern, ist auch anstrengend, da sollte man schon gesund sein.

Wer gesund und schon Schulkind ist (für Vorschulkinder ist der Kölner Rosenmontagszug noch einige Nummern zu groß), kann sich durchaus in das närrische Getümmel wagen. Natürlich nicht alleine. Ein Elternteil, oder die Eltern eines Freundes, sollten immer dabei sein. Am schönsten ist es sowieso, man verabredet sich zu mehreren Familien. Wenn sie früh genug da sind (mindestens eine Stunde vorher), können die ein kleines Revier am Straßenrand besetzen. Du findest dann immer ein vertrautes Gesicht, wenn der Rummel um das Kamellesammeln dich mal ein Stück von der Gruppe fortgetrieben hat. Denn beim Rosenmontagszug ist die Menschenmasse immer in Bewegung. Da schaut man nicht wie bei einer Prozession zu. Manchmal schunkelt sich eine Gruppe unbemerkt einige Meter weiter die Straße rauf.

Im Kasten stehen einige Tipps für dich und deine Begleiter. Sie sollen euch helfen, dass so ein Umzug als schönes Erlebnis in Erinnerung bleibt.

Wie verläuft eine Karnevalssession?

Tipps für den Besuch von Umzügen

- nicht alleine losziehen, bei einer Gruppe bleiben
- warm anziehen
- Beutel für Kamellen mitnehmen
- keine Kamellen aufheben, die zwischen die Wagen gefallen sind, Unfallgefahr!
- Pferden nicht nahe kommen
- Kamelle werden geschnappt oder aufgehoben, aber nicht bei Zugteilnehmern erbettelt
- vorher zur Toilette gehen und mäßig trinken
- niemals Kamelle in den Zug zurückwerfen
- bei sehr langen Umzügen müssen Kinder nicht alles vom ersten bis zum letzten Wagen an sich vorbeiziehen lassen.
- bei sehr kalten Temperaturen zwischendurch aufwärmen
- Treffpunkt ausmachen, falls man sich im Gewühle verliert
- Faustregel: mit kleinen Kindern zu kleinen Umzügen. Außer dem großen Kölner Rosenmontagszug ziehen in den Stadtteilen rund 50 kleinere Umzüge. Prächtig genug anzusehen, Kamelle mehr als genug, aber überschaubarer in der Dimension.

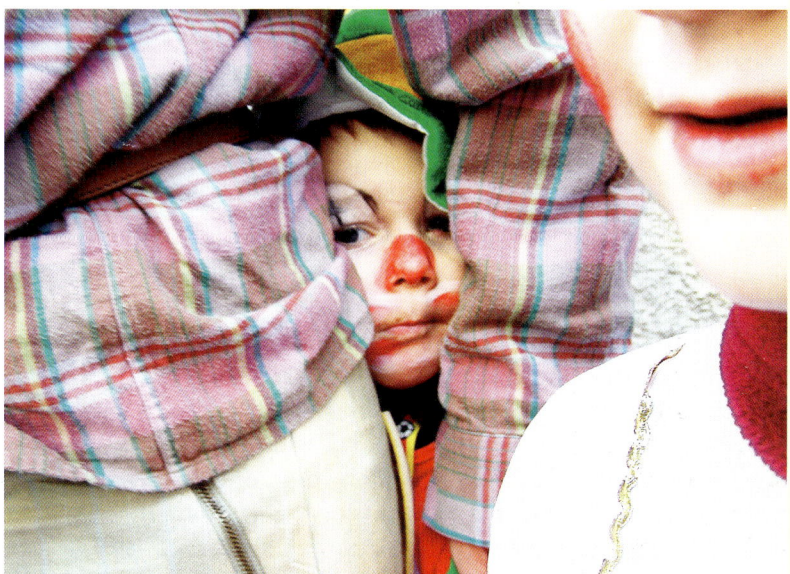

Für kleine Kinder ist der Rosenmontagszug zu lang, zu laut, zu kalt. Schön ist es aber, aus sicherer Nestwärme herauszuspinxen, was sich Jeckes auf den Straßen tut.

Kinder lässt man meist in die erste Zuschauerreihe vor.

Du darfst nicht erwarten, alles vom Zug zu sehen. Verlange dir auch nicht ab, ihn in seiner kompletten Länge an dir vorbeiziehen zu lassen. So ein, zwei Stunden voll dabei zu sein, ist schon ganz schön intensiv. Kinder lässt man meistens in der ersten Reihe stehen. Wenn ihr mit einer großen Clique da seid, ergibt sich das sowieso. Manchmal will man sich aber zurückziehen und vom vielen „Kamelle" rufen ausruhen. Achte mal darauf, wie es sich aus der hintersten Reihe anhört. Unglaublich, welche Geräuschkulisse so ein Rosenmontagszug entwickelt! Wenn du Glück hast, staubst du eine Tafel Schokolade ab, die die Wurfbahn ins offene Fenster verfehlte. Wenn sie von der Hauswand abprallt, hat die hintere Reihe was davon.

Überhaupt ist es hinter den Kulissen interessant. Zwei Tipps wären da noch für junge „Fastelovendsforscher". Vielleicht kannst du einen Erwachsenen begeistern, dich dabei mal zu begleiten. Beim ersten Tipp müsstet ihr beide Frühaufsteher sein. Dann kannst du den Rosenmontagszug nämlich mal ganz aus der Nähe und in der unglaublichen Zeit von weniger als einer Stunde komplett an dir vorbeiziehen lassen. Das heißt, du ziehst an ihm vorbei. Wie das geht? Nun, die großen Wagen, die von Traktoren im Zug gezogen werden, müssen ja irgendwo herkommen. Von da, wo sie gebaut werden. Das ist in der Wagenbauhalle im Haus des Kölner Karnevals am Maarweg. Dort werden die prunkvollen Wagen auf Hochglanz gebracht, manche mit Blumen besteckt. Auch die riesigen Pappfiguren, die zum Beispiel prominente Politiker oder Sportler darstellen, erhalten dort ihre Gesichtszüge. Wenn sie auf den Wagen montiert durch die Straßen gefahren werden, soll sie schließlich jeder erkennen und – das ist der Sinn solcher Persiflage – darüber lachen.

Wie verläuft eine Karnevalssession?

Prominente Sportler sind beliebte Persiflagemotive auf den Wagen.

Ungefähr 50 solcher Fest- und Persiflagewagen werden am frühen Rosenmontagmorgen aus der Halle gefahren. Hinzu kommen noch über 70 Bagagewagen (Zubehörwagen) für die Kamellenvorräte. Nach genauestem Plan des Rosenmontagszugleiters geht das vor sich. Sogar ein Ersatztraktor fährt mit, für den Fall, dass einer mal ausfällt. Gegen 6.00 Uhr bewegt sich die Wagenschlange vom Hof. In der Innenstadt wird sie später auf weitere Wagen der großen Korpsgesellschaften treffen. Ehe sie aber in Kolonne zum Aufstellplatz fahren, parken sie in Reihenfolge der Zuordnung in der benachbarten Straße. Hier kann man genau hinschauen und Feinheiten sehen. Später, wenn sie durch die tobende Narrenschar ziehen, bleibt dafür kein Blick. Allerdings wirft dir in der Frühe auch noch keiner Kamelle zu. Frisch und neu sieht alles aus. Abends kommen die Wagen auf den Hof zurück. Müde und leicht zerrupft stehen sie wieder im „Stall". Die fröhliche Schlacht ist geschlagen. Der Rosenmontagszug ist ein Kunstwerk für stets nur einen Tag. Jedes Jahr entsteht er neu.

Im Dämmerlicht des Rosenmontagmorgens begleitet eine Polizeieskorte die Wagen von der Halle zum Aufstellplatz.

Ausfahrt der Karnevalswagen

Wo: Wagenbauhalle im Haus des Kölner Karnevals am Maarweg 134
Wann: Am Rosenmontagmorgen zwischen 6.00 und 8.30 Uhr.
Die großen Traditionsgesellschaften unterhalten eigene Wagenbauhallen und fädeln sich von anderen Zubringerstraßen bei der Zugaufstellung ein.

Wer nicht ganz so früh aufstehen mag, kann zu späterer Stunde, so ab 10.00 Uhr, einen Blick hinter eine andere Kulisse tun. Dann ist der Wagentross in der Innenstadt in der Aufstellzone angekommen. Bevor er gegen 11 Uhr von dort startet, werden die Wagen beladen. Vor allem mit Kamelle, was ja in Köln nicht mehr alleine Bonbons bedeutet. Wer „Kamelle" ruft, erwartet „Wurfmaterial" besonderer Art: Schokolade, Pralinen, Weingummi, Waffeln und natürlich Blumensträußchen, „Strüssjer" genannt. Wahnsinn, welche Mengen da geladen werden!

Ein paar Zahlen zum Rosenmontagszug

Der Rosenmontagszug zieht auf 6,5 Kilometern durch Kölner Straßen. In denen stehen rund 1 Million Zuschauer. Etwa vier Stunden dauert es, bis alle Gruppen vorbeigezogen sind. Dazu gehören:
- rund 10.000 Teilnehmer
- rund 120 Musikkapellen
- rund 450 Pferde
- rund 100 Fest-, Prunk- und Persiflagewagen sowie Kutschen

Alle aneinander gereiht ergeben eine Zuglänge von 7 Kilometern. Der Zug ist also länger als die Strecke, die er zieht. Das heißt, wenn die erste Gruppe, die Blauen Funken, schon am Ziel ist, startet der Prinzenwagen noch immer nicht.

Ins Publikum am Straßenrand geworfen werden:
- rund 1 Million Schokoladentafeln und Pralinenschachteln
- rund 300.000 Blumensträußchen („Strüssjer")
- viele tausend Stoffpüppchen und andere kleine Geschenke
- viele tausend Tüten mit Wein- oder Kaugummi

Um alle Süßigkeiten auf einmal zu transportieren, bräuchte man sechs riesige Sattelschlepper, wie du sie von Autobahnen kennst, oder 40 kleinere LKW, wie sie im Stadtverkehr fahren.

Wie verläuft eine Karnevalssession? 115

Strüssjer, Schokolade und Kamelle, die ins Publikum geworfen werden, bezahlt jeder Zugteilnehmer selber.

Hast du dich mal gefragt, wer all diese Süßigkeiten bezahlt? Der Oberbürgermeister tut es nicht. Eintritt wird von den Zuschauern beim Zug zum Glück auch nicht genommen. Aber bezahlt werden muss die Ware schließlich. Jegliches Wurfmaterial wird von dem gekauft, der es unters Volk wirft. So einfach ist das, aber auch so teuer. Da kommt einiges zusammen. Die Karnevalisten zahlen in einen großen Topf ihres Vereins ein. Davon wird ein Sammelkauf getätigt. Damit es gerecht zugeht, bekommt jeder Zugteilnehmer für sein eingezahltes Geld Bons. Die kann er während des Umzugs gegen Süßigkeiten oder Strüssjer eintauschen. Die werden als Vorrat in den Bagagewagen mitgeführt. Das Eintauschen der Bons muss flott gehen. Schließlich schreien die Jecken am Straßenrand unentwegt nach weiteren Kamellen. Für den reibungslosen Nachschub sorgen die so genannten Kamellejunge und -mädchen. Achte beim nächsten Zug mal darauf. Da flitzen junge Leute in bunten Umhängen zwischen den Fußgruppen und dem Nachschubwagen schwer beladen hin und her. Kamellejung kann man übrigens schon im Jugendlichenalter werden.

D'r Zoch es am Engk. Das Großereignis hinterließ Spuren. Bald wird davon nichts mehr zu sehen sein.

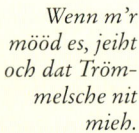

Wenn m'r mööd es, jeiht och dat Trömmelsche nit mieh.

Nach dem Rosenmontagszug sehen die Straßen am Zugweg wie ein Schlachtfeld aus. Obwohl die Karnevalisten und die Abfallwirtschaftbetriebe (so heißt die orangefarbene Müllabfuhr) ein tolles System zur Abfallverminderung entwickelt haben, watet man durch wahren Mist. Den haben die Pferde während des Umzugs hinterlassen. Er mischt sich mit Schokoladenpapier, Luftschlangen, Trinkbechern und auch vielen Glasflaschen. Die lassen viele Besucher leider einfach stehen. Bis auf das Ärgernis mit den Glasscherben ist es aber auch mal reizvoll, durch so eine vermatschte Straße zu schlendern. In diesem Zustand wirst du sie im restlichen Jahr nie wieder sehen. Du musst dich allerdings beeilen. Denn kurz hinter dem Prinzenwagen kommen schon die „Orangen Funken" und reinigen mit Hochdruck. Wenn die Tribünen abgebaut sind, ist vom jecken Spuk nichts mehr zu sehen.

Nach dem Zug ist für Kinder die Luft raus. Auch sind Groß und Klein, die am Straßenrand ausgehalten haben, erst einmal müde. Hinter ihnen liegt ein Großeinsatz. Manche treffen sich noch in den Familien- und Freundeskreisen und lassen den Tag bei einfachen „kölschen Spezialitäten" ausklingen. Muuzen (ein süßes Fettgebäck), Flönz, Kies und Ääzezupp (Blutwurst, Käse und Erbsensuppe) sind dabei willkommen. Kinder spielen gerne mit dem Inhalt ihrer Kamellenbüggel. Einige sortieren ihn nach Warenart, Farbe, Größe, andere tauschen untereinander. Manche überkommt auch die Lust, das Erlebte nachzuspielen. Mit der verschwenderischen Geste eines Prinz Karneval werfen sie ihre Beute in der eigenen Wohnung unters Volk. Erwachsene sollten das mit der Gelassenheit sehen, mit der die Stadtreinigung sich der verdreckten Straßen annimmt: „Denn einmal nur im Jahr ist Karneval." Staubsaugen ist morgen.

Wie verläuft eine Karnevalssession? 117

Karnevalsdienstag

Das ist der Tag der Umzüge in den größeren Stadtteilen wie Ehrenfeld, Nippes, Sülz, Mülheim. Ebenso ziehen in Dellbrück, Deutz, Kalk, Junkersdorf, Pesch und in der Südstadt Karnevalsumzüge. Sie sind originell und überschaubar. Auch etwas Prunk fehlt nicht, da einige Wagen aus dem Rosenmontagszug vom Vortag mitfahren. Somit sind sie für junge oder hinzugezogene Familien ideal für einen Erstkontakt mit Karnevalsumzügen. Wurfmaterial ist hier ohnehin reichlicher zu ergattern, als die Beutel es fassen können. Echte „Kamellen" werden hier noch geworfen. Neben den ortsansässigen Garden, wie „Bürgergarde blau-gold", und Korps, wie die „Nippeser Bürgerwehr", ziehen vor allem etliche der im Veedel beheimateten Clubs, Vereine und Schulen mit. Ähnlich wie bei den Sonntagsumzügen bieten sich gute Gelegenheiten, selber mal ein Motto umzusetzen und mitzuziehen.

Nachts wird vor einigen Gaststätten der „Nubbel" verbrannt. Das ist eine Strohpuppe, die als Mensch angezogen irgendwo an der

Fantasievoll sind die Kostüme der Schulkinder, die am Karnevalsdienstag in ihren Stadtteilen gemeinsam mit Vereinen und Clubs umherziehen.

Lichterloh brennt der Nubbel. Für das ausschweifende Leben der Jecken muss er stellvertretend büßen.

Wirtshausfassade hing. Ihm wird nun, kurz vor dem Ende des Karnevals, die Schuld in die Schuhe geschoben für das sündhafte Leben an den tollen Tagen. „Ich kunnt nix dofür. Dä Nubbel es Schuld." So unschuldig tun die Narren. Erinnerst du dich noch, wie du als kleines Kind den Tisch beschuldigt hast, wenn du dich an ihm gestoßen hast? „Der böse Tisch," darf man in dem Alter noch sagen. Es fällt so schwer, sich selber die Verantwortung einzugestehen. Inzwischen wirst du verstehen, warum die Erwachsenen an Karneval gerne noch mal Kind spielen.

Die Nubbelverbrennung hat für Kinder keine Bedeutung. (Ehrlich gesagt, für die meisten Erwachsenen auch nicht. Sie ist halt noch mal eine prima Gelegenheit für eine gesellige Abschlussfeier.) Kinder brauchen nicht Kindsein zu spielen. Sie brauchen bei der Nubbelverbrennung auch nicht dabei zu sein. Die ist sowieso zu spät, um Mitternacht. An einigen Orten wird deshalb eine Nachmittags-Nubbel-Zeremonie eigens für Kinder veranstaltet. Aber das ist ein bisschen so, als würde man ein Silvester-Feuerwerk noch im Hellen losschicken.

Aschermittwoch

Schule und Geschäftsleben beginnen wieder. Bis auf vereinzelte Konfettireste sieht die Stadt so aus, als wäre nichts gewesen. Das ist auch wichtig. Denn die verrückte, die verkehrte Karnevalswelt ist nur lustig, wenn sie ein Ende hat. Oder möchtest du dich im Krankenhaus von einem Menschen, der im Clownkostüm steckt, operieren lassen? Oder vertraust dich einer Busfahrerin an, die im Teufelskostüm am Steuer sitzt?

An katholischen Schulen wird vor dem ersten Unterricht eine Aschermittwochmesse angeboten. In der wird den Gläubigen ein Kreuz aus Asche auf die Stirn gezeichnet. Es erinnert an die Vergänglichkeit unseres Lebens und Besitzes. Alles auf Erden zerfällt einmal zu Staub und Asche, auch unser eigener Körper. Daran will das Kreuzzeichen erinnern. Nicht, um uns Angst zu machen, sondern damit wir nicht vergessen, dass im Leben auch anderes wichtig ist, als „Kamelle" und „Alaaf" zu rufen. Oder, wie es die Gruppe Brings in Erwachsenensprache drastisch ausdrückt, „Poppe, Kaate, Danze". Nur mit Spaß lässt sich das Leben nicht bewältigen.

Gemeinsam mit den Karnevalisten schließen wir unseren Gang durch die närrische Karnevalssession am Aschermittwoch ab.

Vorbei, vorbei. Bis zum nächsten 11.11. legt sich die närrische Welt nun schlafen.

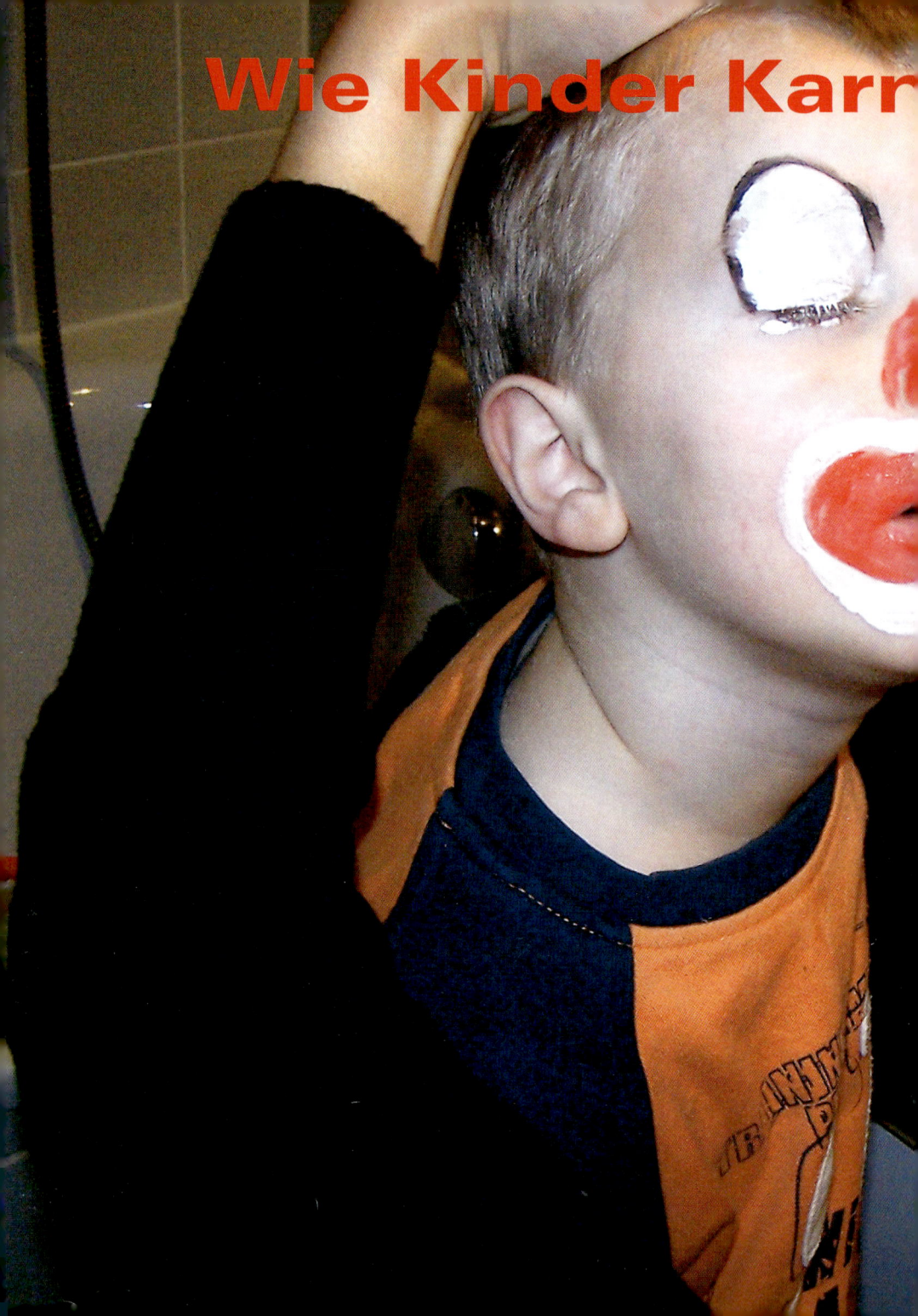

Karnevalsterminkalender für Kinder

Die meisten Karnevalsveranstaltungen, vor allem die im Saal, sind für Erwachsene. Aber es gibt auch eine Reihe von jecken Terminen eigens für Kinder, für Pänz, wie sie in Köln heißen.

Veranstaltungen für Kinder sind oft eine Mischung aus Kostümfest, Sitzung und Kinderzirkus.

Kinderkostümfeste der Karnevalsgesellschaften

Kinderkostümfest oder Kindersitzung nennen die bekannten Karnevalsgesellschaften, die dem Festkomitee angeschlossen sind, ihre Veranstaltungen eigens für Kinder. Auch manche Pfarreien bieten solche an. Einige hundert maskierte Kinder kommen da jeweils in den Sälen von Hotels, Pfarreien und sonstigen bekannten Veranstaltungsorten zusammen. Das Programm ist eine Mischung aus Witzen, Sketchen, Musik und Tanzauftritten, meist der Kindertanzgruppen der Gesellschaften. Auch das Kinderdreigestirn ist oft zu Gast. Der Ablauf ist einer Erwachsenensitzung also ähnlich. Doch mit Rücksicht auf kindlichen Bewegungsdrang und die natürliche Unruhe im Saal werden zunehmend Elemente aus Tanz- und Bewegungsspielen sowie aus dem Kinderzirkus eingebaut. Eltern sind zugelassen und als ordnende Helfer im Hintergrund durchaus erwünscht. Die Preise sind meist bewusst niedrig gehalten. *Eine Übersicht zu den Veranstaltungen findest du im Serviceteil ab S. 158.*

Kinder- und Jugendpartys

Verschiedene Veranstalter organisieren Partys für (ältere) Kinder und Jugendliche, mit tollem Bühnenprogramm, DJs und Disko. *Auch hierzu findest du mehr Infos im Serviceteil.*

Ziegenbartsitzung

Das ist eine Art Karnevalsrevue für Kinder und Eltern. Fünf bis sechs Mal pro Session wird sie in der Südstadt aufgeführt und dauert jeweils etwa zwei Stunden. Das Programm wird ausschließlich von Kindern und Jugendlichen bestritten. Die Parodie eines „klassischen Stoffs" wie beispielsweise „Der Nussknacker" oder „Wilhelm Tell" ist ein roter Faden. Der Kabarettist Jürgen Becker sagt zwar Nummern an, ist dabei aber eher ein witziger „Dolmetscher" für eine Ziege, die den Präsidenten spielt. Die Band besteht aus Erwachsenen um den Musiker Klaus der Geiger. Das Programm ist so breit gestaltet, dass Jüngere mehr etwas von den schönen Kostümen, Bühnenbildern und der Musik haben, während Ältere auch schon die geschichtlichen, satirischen und karnevalskritischen Nummern verstehen. Deren Spielwitz übertrifft so manche Büttenrede. Wer keine Karten bekommt, kann sich mit einer gekürzten Fernsehübertragung im WDR trösten. *Wie es hinter den Kulissen und auf der Bühne der Ziegenbartsitzung zugeht, erfährst du auf S. 132/133.*

Ein echter Ziegenbock spielt den Präsidenten auf der Ziegenbartsitzung.

Kinderstunksitzung

Nach dem Vorbild der Stunksitzung für Große im E-Werk veranstalten Kinder und Jugendliche mit Hilfe von Erwachsenen eine ähnliche, natürlich kürzere Karnevalsrevue im Bürgerhaus Stollwerck in der Südstadt, etwa ein halbes Dutzend Mal während der Session. Auch hier kommen Junge und ganz Junge auf ihre Kosten. Herzerfrischender Kinderquatsch kommt von der professionell ausgestatteten Bühne. Seitenhiebe von Mädchen auf Jungs und umgekehrt oder Witze über die Schule treffen die Lebenswelt von Kindern. Und die Sketche über Gesellschaft und Karneval werden Eltern manche Abendveranstaltung vergessen lassen. Musik kommt von der jungen Hauskapelle.

Von Kindern für Kinder ist auch das Programm der Kinderstunksitzung.

Wie Kinder Karneval feiern können

Kinderpuppensitzung im Hänneschentheater

Vor der originalen Bühnenkulisse der großen Puppensitzung am Abend findet nachmittags ein verkürztes, etwa zweistündiges und eigens auf Kinder abgestimmtes Sitzungsprogramm mit den beliebten Puppen statt. Wie bei der Erwachsenenveranstaltung werden Büttenreden, Lieder und Tänze mit den Figuren des „richtigen" Karnevals geboten. Das Ganze ist in eine lustige Rahmenhandlung eingebaut, in denen vor allem Hänneschen und Bärbelchen, Tünnes und Schäl und natürlich Speimanes zu kölscher Hochform auflaufen. Erwachsene, die keine Karten für die stets ausverkauften Abendveranstaltungen bekommen haben, finden hier mit ihren Kindern einen guten Ersatz.

Im Hänneschentheater treten die Größen des Kölner Karnevals auf - als Stockpuppen. Hier die „Altstädter" mit Tanzpaar und Korps.

Wo und wie können Kinder im Karneval mitmachen?

Tanzen, Musizieren, Theaterspielen sind prima Freizeitbeschäftigungen. Sie halten fit und verschaffen Gemeinschaftserlebnisse. Besonders schön ist es, wenn man das, was man kann, anderen vorführt. Vorführungen brauchen aber auch Helfer hinter der Bühne, beispielsweise bei der Dekoration und in der Technik. Der Karneval gibt Kindern viele und verschiedenartige Gelegenheiten zum Mitmachen.

Deinen Eltern sei an dieser Stelle gleich gesagt, dass das Mitmachen im Karneval auch Geld kostet. Doch ebenso sollen sie wissen, dass deine Aktivität am Geld nicht scheitern muss. Heute gibt es viele Helfer in den Vereinen, beim Festkomitee (Juniorenförderkreis, *siehe Serviceteil*), bei den „Freunden und Förderern des Kölnischen Brauchtums" oder anderen Einrichtungen wie etwa der „Akademie für uns kölsche Sproch" oder den Kulturstiftungen der Sparkassen.

Wenn du wirklich mitmachen willst und Ausdauer zeigst, werden deine Eltern, Lehrer oder Erzieher hier Unterstützung finden.

Zum Mitmachen kannst du dich ermutigen. Wo immer du dich einsetzt, wirst du drei Erfahrungen machen. Erstens: Du bist nie alleine. Karneval ist Teamarbeit. Viele helfen, unterstützen dich auch bei deinem ganz persönlichen Programmpunkt. Zweitens: Vor dem Spaß steht die Anstrengung. Für einen Vortrag, erst recht bei einem Solo, musst du viel üben. Was anderes zu behaupten, wäre unehrlich. Auch dass du ziemlich aufgeregt sein wirst, musst du einkalkulieren. Drittens: Nach der Anstrengung kommt nicht nur der Spaß. Du bekommst auch ein tolles Gefühl von dir selber. Beifall macht jeden Menschen schöner und einen Kopf größer. Danach sieht die Welt freundlicher aus. Auch du siehst dann freundlicher aus. Manchmal hält das sogar nach Karneval noch an.

Schulsitzungen

An fast jeder Schule im Rheinland wird zu Karneval etwas vorgeführt. Meist gibt es eine kleine Sitzung. Lass' dich ermuntern, dabei mitzumachen. Bei Schulsitzungen bist du im vertrauten Kreis, da kann nichts passieren. Schon mit kleinen Beiträgen kann man mitmachen: Tusche mit der Band spielen, einen Disco-Tanz einüben, Witze erzählen, Karaoke-Nummern, Sketche oder Zwiegespräche aufführen.

Manche trauen sich auch an eine kleine Büttenrede. In witziger Form wird da zur Sprache gebracht, was Schüler das Jahr über so beobachten. Beispielsweise werden Eigenarten der Lehrer auf die Schippe genommen. Etwa der Sportlehrer, der immer auf dem Handy telefoniert, während die Schüler sich umziehen. Oder die Musiklehrerin, die nicht mitbekommt, dass Kevin sich den iPod aufs Ohr setzt, wenn sie auf dem Klavier etwas vorspielt. Witzig ist es vor allem, wenn die Angesprochenen bisher im Glauben waren, ihre Eigenarten seien noch gar nicht bemerkt worden. Büttenreden können auch auf Missstände an der Schule verweisen, die im Alltag unter den Teppich gekehrt werden. Etwa wenn die Schüler immer noch an museumsreifen Computern arbeiten müssen oder der Rektor sich taub stellt, wenn es um neue Geräte für die Spielecke geht.

Wie Kinder Karneval feiern können

Witzige Ideen und selbstgemachte Kostüme sind die Stärken von Schulsitzungen. Die Hauptschule Großer Griechenmarkt kürt eine kölsche „Miss Liberty".

Auf einer Schulsitzung muss nicht alles perfekt sein. Da darf die hauseigene Band ruhig ein paar schräge Töne bringen. Hauptsache man erkennt die Melodie, kann mitsingen, klatschen und schunkeln. Ähnliches gilt für Tanzaufführungen. Mit einer kleinen Choreografie zu Disco-Musik lässt sich schon viel Bewegung in eine Sitzung bringen. Wenn Eltern mithelfen, können die Tänze sogar in netten Kostümen gezeigt werden. Ein beliebter Gag ist es, die Lehrer plötzlich zu Schülern zu machen und sie zum Mittanzen auf die Bühne zu holen. Ihre Unbeholfenheit sieht meist komisch aus. Doch an Karneval können sie sich nicht dagegen wehren.

„Jecke Tön för jecke Pänz" – Schulsitzung Kölner Schulen

Wenn du und deine Schule Spaß daran haben, gute Karnevalsnummern auch anderen außerhalb mal vorzuführen, dann hast du dazu Gelegenheit auf der „Schulsitzung der Kölner Schulen". Die wird seit Jahren vom Schulamt und den „Freunden und Förderern des Kölnischen Brauchtums" in der Aula des Friedrich-Wilhelm-Gymnasiums gefeiert. Aus den verschiedensten Schulen und Kindertanzgruppen kommen hier Programmnummern inklusive Band zusammen. Der bunte Bühnenmix, zu dem auch Eltern eingeladen sind, ist stets sehr preiswert, weil der Förderverein die Veranstaltung unterstützt.

Tanzgruppen

Mehrere der bekannten Tanzgruppen im Karneval unterhalten Nachwuchsgruppen. Die wirbeln natürlich noch nicht so akrobatisch auf der Bühne herum wie die Großen. Aber sie tragen die gleichen Kostüme und treten auch schon mal auf den großen Bühnen auf. Meist führen sie ihre Tänze aber in kleineren Sälen vor. Sie kommen mit Bussen ganz schön rum und lernen viel vom Karneval vor und hinter den Kulissen kennen. Trainiert wird bei den meisten ab Ostern, um zur neuen Session mit gekonnten Tänzen das Publikum zu erfreuen. Die Anzahl der Auftritte schwankt, sie hängt auch von der Länge der Session ab.

Wichtig ist es für dich vielleicht zu wissen, dass so eine Tanzgruppe nicht nur trainiert und auftritt. Sie unternimmt auch Gemeinschaftsaktivitäten das ganze Jahr über. Aus der Tanzgruppe „De Höppemötzjer" der Kölschen Narren-Gilde waren Jennifer und Michael so nett, einen Jahresbericht zu schreiben. Vielleicht ermuntert er dich, auch einmal bei ihnen oder in einer der vielen anderen Tanzgruppen mitzumachen *(Adressen findest du im Serviceteil auf S. 157).*

Tanzen in der Gruppe heißt nicht nur Bewegung und Spaß haben. Auch sich auf andere verlassen können, ist eine tolle Erfahrung.

Wie Kinder Karneval feiern können

Kinder- und Jugendtanzgruppe „De Höppemötzjer"

Die Session fing bei uns erst relativ spät an und hatte auch leider nicht sehr viele Auftritte. Dies war aber nicht weiter schlimm, da es für uns trotzdem sehr lustig war. Es war aber auch das letzte Jahr zusammen mit unseren Großen, welche uns danach in Richtung „Große Tanzgruppe" verließen. Angefangen beim Vorstellabend bis hin zum letzten Auftritt im Hotel Maritim hatten wir viele schöne Erlebnisse. So hatten wir an einem Tag vier Auftritte und konnten daher mit dem Bus fahren. Zwischen den Auftritten hatten wir sehr viel Spaß und sangen laut viele Karnevalslieder, die uns einfielen. An diesem Tag hatten wir einen Auftritt in Leverkusen, wo wir dann einen Gutschein bekamen, um im Sommer in einem Spaßbad schwimmen zu gehen. Der letzte Auftritt war natürlich ein toller Tag, an dem auch so manche Träne floss.

Kostüme und Choreografien der „Großen" sind den Kindertanzgruppen Vorbild.

Wie im letzten Jahr durften wir wieder im Rosenmontagszug mitgehen. Es war zwar ein wenig kalt, aber ansonsten wurden wir gut von allen versorgt. Mit einem weinenden Auge gingen alle in die Pause bis zum ersten Training. Das begann nach den Osterferien. Alle waren gut erholt und so konnte das Training dann auch beginnen.

Wir bekamen sechs Kinder neu dazu, da ja auch sechs von uns aufgehört hatten. Die meisten Kinder lebten sich ziemlich schnell ein und kamen bei den Tänzen gut mit. Den Gutschein für das Schwimmbad lösten wir vor den Sommerferien noch ein und hatten sehr viel Spaß.

Die diesjährige Tour ging nach Mendig, wo wir ein Naturfreundehaus für uns hatten. Da der Wald direkt nebenan lag, gab es viel zu entdecken. Die Jungs spielten Fußball, wobei sie dann auch viel Spaß hatten. Samstag nachmittag besuchten uns dann auch die Mendiger Stadtsoldaten, die eine Schnitzeljagd organisierten, die wir am Nachmittag mit ihnen unternahmen. Unterwegs wurden wir gut verpflegt. Es war ein schönes Wochenende für uns und unsere Eltern.

Nun standen die ersten Auftritte der Vorsession an. Der ein oder andere war dann doch etwas nervös, auch wenn er schon einige Jahre dabei war. Die Auftritte verliefen aber auch ganz gut.

Jetzt freuen wir uns auf unsere Weihnachtsfeier und die kommende Session mit vielen Auftritten und Erlebnissen.

Es grüßen euch aus der Kinder- und Jugendtanzgruppe „De Höppemötzjer" Jennifer und Michael

Musikgruppen

Wer tanzt, braucht Musik. Karneval ist zum großen Teil ein Musikfest. Auch deshalb können Kinder da gut mitmachen. Nicht nur die Bands, sondern auch sehr viele große Musikzüge spielen im Karneval. Wie der Name schon sagt, ziehen sie mit großem Gefolge, mit Fahnen und Uniformen in den Sälen auf oder bei Umzügen durch die Straßen. Fast immer siehst du dabei auch einige Kinder. Sie trommeln, flöten, schlagen die Becken oder blasen schon Trompete, Posaune, Tenorhorn oder Saxophon. Das ist recht schwer, wenn es perfekt klingen soll. Doch bei Karnevalsveranstaltungen kommt es selten auf Perfektion an. Da geht es eher um Stimmung und Aufforderung zum Schunkeln und Mitsingen. Und da haben Kinder, die ein Instrument erlernen, schon viele Gelegenheiten mitzuspielen.

Nicht nur Fleute, Trööte un Trumme finden im Karneval Gehör.

Bis man eine Melodie vor Publikum vortragen kann, braucht es schon viel Übung. Da ist es gut, wenn einige Erwachsene in der Gruppe das können. Doch in den Musikzügen müssen nicht alle zur gleichen Zeit die gleichen Töne spielen. Es muss ja auch Begleitstimmen geben. Die können Dirigenten so geschickt aufschreiben („arrangieren" nennt man das), dass Anfänger ein Lied schon mit wenigen Tönen begleiten können. Für sich alleine gespielt klingen die komisch und sind als Musikstück nicht zu erkennen. Aber es ist ein tolles Gefühl, mitten in so einem großen Musikzug zu stehen und zu erleben, wie die eigenen Töne zum ganzen Stück beitragen. Musizieren ist eben oft ein Gemeinschaftswerk.

Gemeinschaft pflegen die Musikgruppen ähnlich wie die Tanzgruppen. Allein die Fahrten zu den Auftritten können schon erlebnisreich sein. Deine Eltern müssen übrigens keine Sorge haben, dass Musikgruppenkinder nächtelang durch die Säle ziehen müssen. Das

Wie Kinder Karneval feiern können

ist gar nicht erlaubt. Aber bei Nachmittagsauftritten oder Umzügen ist die Teilnahme von Kindern kein Problem. Kein Problem ist auch die Beschaffung eines Instruments. Das leihen die Vereine aus. Wer auf Dauer Spaß daran findet und das manchmal lästige Üben durchhält, kann sich im Laufe der Zeit ein eigenes Instrument wünschen. Sogar die Ausbildung übernehmen viele Musikgruppen und stellen dafür Profimusiker ein.

Unterrichtet werden Kinder ab dem Schulalter. Früher hieß es manchmal, in den Musikzügen würde mehr „gesoffen als getrötet". Mit dieser Einstellung könnte sich in Köln keine Gruppe auf der Karnevalsbühne halten. Manche Gruppen haben sich zu richtig großen Kapellen oder Big Bands entwickelt. Dennoch ist immer Platz für Neulinge. Wer die flotten Karnevalsstücke noch nicht mitspielen kann, kann ja mit dem St. Martinszug anfangen. Denn die Gruppen beschränken sich längst nicht nur auf die Karnevalszeit. Bei Volksfesten und Umzügen werden sie das ganze Jahr hindurch benötigt. Wer will, kann es schnell auf hundert und mehr Einsätze im Jahr bringen. Langeweile ist dann ein Fremdwort. *Eine Liste von Musikgruppen findest du im Serviceteil auf S. 158.*

Nach seinem Takt spielt die Musik. Vielfältig sind die Möglichkeiten für Kinder, im Musikzug mitzuspielen.

Ziegenbartsitzung

Was die Ziegenbartsitzung ist, hast du weiter vorne schon erfahren. Alma Maria Kaiser ist mit ihren 14 Jahren schon ein alter Bühnenhase. Seit sechs Jahren steht sie sprechend, singend, tanzend und musizierend auf der Bühne der Ziegenbartsitzung, war von Anfang an dabei. Für dieses Buch schrieb sie auf, wie es da zugeht und was ihr die Mitwirkung bedeutet.

Von klein auf erlebe ich den Kölner Karneval jedes Jahr mit Begeisterung. Das, was mich schon immer am meisten beeindruckte und mir am meisten Spaß gemacht hat, ist das Verkleiden. Nein, nicht etwa zu einem Karnevalsladen fahren und dort ein Fertigkostüm mit Perücke kaufen. Das nicht, sondern alles Mögliche, was man aus der Vergangenheit im Schrank oder auf dem Dachboden hat, zusammenzuwürfeln und sich noch so zu schminken, dass das Ergebnis wie ein kleines Kunstwerk aussieht: schrill, lustig, schön, hässlich. Was weiß ich! Was wäre Karneval schon ohne die bunte Vielfalt der Kostüme?

Kölner Karneval bedeutete für mich von klein auf, „Kamelle" rufen, sie aufsammeln, durch die Straßen laufen, aber auch in der Kälte stehen und frieren. Ich ging zum „Kölner Rusemondachszoch" oder zum „Wießer Zoch" und stopfte mich anschließend bis zum Schlechtwerden mit „Kamelle" voll.

Als ich älter wurde, sah ich auch die Problemseiten vom Karneval. Es wurde manchmal gefährlich, durch Straßen zu ziehen, in denen besoffene Menschen und Glasscherben sind.

Glücklicherweise bekam ich eine Chance, Karneval auch ungefährlicher zu feiern und meine Lust am Verkleiden und Schminken auszuleben. Auch meine Vorliebe für die kölsche Sprache kam nicht zu kurz. Ich verstehe und beherrsche ihre Aussprache nämlich ganz gut. All dies sollte ich nun schauspielerisch in einer Kinderkarnevalssitzung einbringen können.

Jürgen Becker hatte die Idee zu einer Kindersitzung, in der eine echte Ziege Präsident sein würde. Drei Familien taten sich zusammen, holten Freunde dazu, so dass schließlich eine Gruppe aus sieben Familien mitmachte. Dreizehn Kinder und ein Elferrat aus befreundeten Schülern standen am Anfang auf der Bühne. Wir machten eine kom-

plette eigene Produktion, denn Textbuch wie auch Kostüme wurden ausschließlich von uns und den Eltern gemacht. Hier entdeckte ich für mich eine völlig neue Sorte Karneval. Nun gehörten Proben dazu. Das ganze Jahr über dachte ich schon an neue Ideen für den nächsten Karneval und unsere Veranstaltung, die „Ziegenbartsitzung" hieß.
In der ersten Sitzung spielte ich hauptsächlich einen Alterspräsidenten. Ich sprach und sang kölsch oder zumindest rheinisch. Ich war erfolgreich und es stellte sich heraus, dass ich mich wie auch die anderen Kinder gut auf der Bühne präsentieren konnte. Am Ende der letzten Sitzung war für alle immer schon klar, dass wir auch im nächsten Jahr wieder eine Sitzung zeigen würden. Selbst das Proben hatte viel Spaß gemacht.
Mittlerweile sind wir ein starkes Team geworden. Insgesamt schon sechs Sitzungsjahre liegen hinter uns und es war echt eine „geile Zeit" (so hieß die Abschlussnummer der letzten Sitzung)! Mit unserer Band, vornan Klaus der Geiger, und angeleitet durch unseren Regisseur wurden wir immer professioneller. Auch beim Bühnenbild werden wir durch einen richtigen Requisiteur unterstützt. Ich habe in den Jahren die Möglichkeit bekommen, viele Solonummern und mit dem Ensemble zu spielen. Bei einigen Nummern spielten wir sogar mit unseren Instrumenten in der Band mit. Ich glaube, dass die Ziegenbartsitzung jeden von uns geprägt hat.
Bei der ersten Sitzung war ich neun, jetzt bin ich vierzehn Jahre alt. Diese Entwicklung ist für mich im Rückblick wie ein Film. Das, was in jeder Sitzung am coolsten ist und mir am meisten Spaß macht, ist der Moment, in dem man auf die Bühne kommt, also der Anfang, und wenn man Applaus kriegt. Mittendrin tauche ich ab und denke über nichts mehr nach.
Auf dem „Südstadtzoch" hat das Ziegenbartteam einen eigenen Wagen. Wenn wir am Schluss auf das Plätzchen „An der Eiche" zurückkommen, singen wir die Lieder aus unseren Nummern. Das Schönste ist, wenn Leute auf dem Platz die Lieder mitsingen können.
Am Aschermittwoch ist dann immer alles vorbei und jeder fällt in das Loch des Alltags. Zum einen ist das immer sehr gewöhnungsbedürftig und auch sehr traurig, zum anderen auch erholsam.

Eure
Alma Maria Kaiser

Verkleiden macht Spaß

Als du noch sehr klein warst, haben deine Eltern dich zu Karneval vielleicht in ein Kostüm gesteckt. Jawohl: „gesteckt". Das Wort klingt hart, wenn man weiß, dass das von den Eltern nett gemeint war. Aber schau dir mal die Fotos aus der Zeit an: Meistens gucken Kleinkinder im Kostüm ernst drein. Irgendwie ist das noch nicht ihr Ding. Im Marienkäfer- oder Pinguin-Kostüm sehen sie zwar ganz niedlich aus. Doch sie selber können mit der Rolle meist gar nichts anfangen. Dabei spielen sie im Alltag immer wieder Tiere nach. Sie tun es einfach. Fantasie genügt den Dreijährigen. Ein Kostüm brauchen sie noch nicht. „Das kratzt", sagen sie.

Ins „Verkleidungsalter" kommt man so gegen Ende der Kindergartenzeit. Da spielt man nicht nur Tiere nach. Da weiß man schon was von der Welt. Beispielsweise weiß man, dass es Eindruck macht, stark zu sein. Das ließe sich in der dicken Montur eines Eishockeyspielers ja mal ausprobieren. Und wer Angst vor Gespenstern hat, für den gibt es ein Geheimrezept: selber Gespenst spielen und andere erschrecken. Eine Verkleidung, die immer gut ankommt, ist hübsch auszusehen. „Für uns bist du auch so hübsch", werden deine Eltern sagen. Das weißt du. Doch darum geht's dir nicht. Du möchtest in den Augen ganz bestimmter anderer Personen hübsch aussehen. Schminke wäre da nicht schlecht. An Karneval geht da

Verkleiden macht Spaß – doch kleine Kinder gucken dabei meist ernst.

Wie Kinder Karneval feiern können

mehr als sonst. Dann gibt es nicht den Satz: „In deinem Alter schminkt man sich noch nicht." Eigentlich dürfen Eltern an Karneval auch keine Art von Frisur verbieten.

Die Wirkung auf andere Menschen ist ein wichtiger Grund, warum auch Kinder Spaß am Schminken und Verkleiden haben. Noch spannender ist der Grund, sich selber mal auszuprobieren. Es ist verblüffend, wie wir selber auf die eigene Verkleidung reagieren. Wir sehen darin nicht nur anders aus. Wir sprechen und bewegen uns auch anders. Eine Prinzessin spricht feiner und geht eleganter als ein neunjähriges Schulkind. Dabei ist es wirklich das gleiche Mädchen. Diese anderen Seiten an ihm kannte bisher keiner. Sie schienen zu schlummern. Das Kostüm hat sie geweckt.

Mit dem Kostüm ändern wir auch uns selber ein bisschen. Wir spielen eine Rolle.

Nicht nur in andere Personen können wir uns beim Verkleiden hineinversetzen, sondern auch in andere Zeiten. Steinzeitmensch, Ritter, Musketier oder Opa sind Rollen, die uns nachdenken lassen, wie die wohl gelebt, gearbeitet, gesprochen haben mögen. Auf solche Ideen kommt man am besten, wenn man in alten Sachen stöbert. So wie Alma von der Ziegenbartsitzung es schrieb: alles Mögliche vom Dachboden mal ausprobieren. Was dabei herauskommt, weiß man selber vorher nicht. Jedenfalls ist es zum Lachen, was für Kombinationen zustande kommen können. Da will sich jemand vielleicht was für ein Rennfahrerkostüm zusammenstellen, und auf der Suche nach einem Helm findet er einen alten Wasserkessel. Dem trennt er den Boden heraus und setzt ihn sich auf den Kopf. Schöner Rennfahrer!

Wenn du Modelle sehen willst, wie Erwachsene aus den unmöglichsten Materialien fantasievolle Kostüme machen, dann gibt es die in jedem Jahr vor dem Rosenmontagszug zu bewundern. Dort ziehen etwa eine halbe Stunde bevor d'r Zoch kütt die „Ahl Säu" den Zugweg entlang. Du würdest deine eigene Mutter nicht wiedererkennen, wenn sie mitzöge. So unkenntlich verkleidet sind die Leute dieser Gruppe. Keins dieser Kostüme wirst du im Kaufhaus finden.

Fantasievoll sind die Kostüme der „Ahl Säu", die vor dem Zoch herziehen.

Sie wurden aus Stoffresten, alten Gardinen, Opas Anziehsachen, Omas Hüten und was sich sonst noch in Rumpelkammern findet, zu einem jecken Kunstwerk komponiert. Schminken tun sie sich wild und schön. Ihnen geht es nicht darum, immer schön auszusehen. Sich mal richtig hässlich zu machen, ist auch sehr reizvoll. Vor allem ist es spannend zu erleben, wie andere darauf reagieren.

Trotz der Einmaligkeit jedes Kostüms machen die „Ahl Säu" als „Vorgruppe zum Zoch" einen geschlossenen Eindruck. Das liegt an dem Motto, das sie in jedem Jahr neu festlegen und als Kostümierungsauftrag an jeden von ihnen weitergeben. Beispielsweise heißt es „Piraten" oder „Vampire" oder auch mal nur „die Farbe Weiß". So wirken sie mal schaurig, mal schön, aber immer interessant und deftig-heftig. Denn ihrem Namen „alte Säue" machen sie im Maskenspiel alle Ehre.

„Lappenkääl" – der kölsche Clown

Wie wär's mit Kölns beliebtestem Karnevalskostüm für dich? Das tragen weder die Funken noch der Prinz. Die tragen sowieso kein Kostüm, sondern Uniform und Ornat. Das typischste und häufigste Kostüm ist nicht im, sondern am Rosenmontagszug anzutreffen: tausende von Clowns. Als Lappenclowns warten sie, „dat d'r Zoch kütt". Selten allein. Meistens stehen sie mit vielen ähnlich aussehenden Clowns in Gruppen beieinander. Ganze Clown-Familien haben ein kleines „Campinglager" mit Verpflegung am Straßenrand aufgebaut. Andere gehen mit Musik und Gesang vor dem Rosenmontagszug her. Auch sie wirken als Gruppe, obwohl jedes Kostüm eine Einmaligkeit ist. Keins ist wie das andere.

Lappenclownkostüme gibt es inzwischen vorgefertigt zu kaufen. Doch es gehört zur Fastelovends-Ehre, es selber herzustellen. Das ist nicht schwer, allerdings mühsam. Man braucht einen alten Anzug, oder einfach Hose und Jacke. Die können aus dem Altkleider-Container stammen. Ein, zwei Nummern sollten sie zu groß sein. Denn da drunter müssen später in der Februarkälte einige Pullover Platz finden. Dehnbare alte Schlafanzüge sind deshalb auch geeignet. Auf die werden nun dicht überlappend kleine Stofflappen genäht. Die stammen aus irgendwelchen Stoffresten. Hauptsache bunt. Je kleiner die Flickenstücke sind, desto größer die Wirkung auf dem fertigen Kostüm (umso mühevoller aber auch die Näharbeit). Die Materialien zur Herstellung sind also äußerst billig, kosten eigentlich nichts. Schminke für ein Clownsgesicht – das muss sein – ist mit einem Griff in den Kosmetikschrank auch erledigt.

Lappenkääls haben in der Gruppe eine besonders bunte Wirkung.

Dieser Clownfigur ist eigentlich nicht anzumerken, ob Mann oder Frau, Junge oder Mädchen in ihr stecken. Sie ist geschlechtslos. Dennoch heißt sie in Köln „Lappenmann" oder „Lappenkääl". Er trägt das Kostüm der einfachen Leute. „Lappe" bedeutet verschlissenes Zeug, Fetzen, Lumpen, abgetragene Kleider. Während die feine Gesellschaft bei Hofe (zum Beispiel beim Maskenball auf Schloss Brühl) Kostüme aus Brokat und Seide trug, machte sich das Volk auf der Straße zu Fastelovend „e Baselümche us d'r Lappekess". Dessen Farbigkeit ließ es den grauen Alltag einige Festtage lang vergessen. Armut war kein Hindernis, an Fastelovend dabei zu sein.

Das Festkomitee des Kölner Karnevals hat den Lappenclown zum Symbol seines Karnevalsmuseums gewählt. Als riesige Leuchtfigur steht er dreifach vor dem Eingang. Das Festkomitee will damit ausdrücken: Karneval muss nichts mit Geldbesitz zu tun haben. Auch wenn Prunk, Orden, Glitzermützen und pelzbesetzte Gewänder zu ihm gehören – davon gibt es im Museum genügend zu sehen –, hat das Fest seine Wurzeln doch im Volk, im „Jeck op d'r Stroß". So sehen es wohl auch die tausenden von Lappenclowns auf Kölns Straßen. Bei aller Pracht, die sie vom Rosenmontagszug erwarten, wissen sie, dass der ohne sie als bunte Zuschauerschar eine langweilige Angelegenheit wäre. Die Narrenherrscher singen im Lied „Einmol Prinz zo sin" völlig zu Recht: „Ohne Jecke stünd mir em Rään."

Als Symbolfigur des Karnevalsmuseums lädt der Lappenclown zum Besuch ein.

Kleines Karnevalslexikon für den schnellen Überblick
(für Erwachsene nicht verboten)

Alaaf
ist der „Fan-Ruf" der Jecken. „Alaaf Kölle" lautete ursprünglich „all af (ab) Kölle" und heißt „alles ab Köln". Das bedeutet sinngemäß: Alles fällt gegenüber Köln ab, also: „Köln über alles". Der Ruf war somit ein Hoch auf die Stadt und nicht auf den Karneval begrenzt. Beispielsweise endete der preußische König Friedrich Wilhelm IV. seine Lobrede bei der Grundsteinlegung zum Weiterbau des Kölner Doms 1842 mit „Alaaf Köln". Heute ist der Ausruf den Narren vorbehalten und ertönt in der umgedrehten Wortfolge „Kölle Alaaf". Erst hinter Koblenz im Süden (Mainz) und Neuss im Norden endet der Kölner Karnevalseinfluss. Ab da rufen viele „Helau".

Aschermittwoch
ist der erste Tag der Fastenzeit. In der Nacht zum Aschermittwoch endet der Karneval. Im (katholischen) religiösen Verständnis beginnen nun vierzig stillere Tage (Sonntage nicht mitgerechnet) mit eingeschränktem Lebensgenuss. Das Aschermittwochsdatum ist abhängig vom Osterfest, liegt also jedes Jahr verschieden. In der Aschermittwochsmesse wird den Gläubigen ein Aschenkreuz auf die Stirn gezeichnet. Es erinnert an die Vergänglichkeit unseres Lebens und Besitzes. Die Karnevalisten schließen in den Tagen um Aschermittwoch die närrische → Session ab.

Bauer
siehe Dreigestirn

Bund Deutscher Karneval (BDK)
In der „Karnevalshochburg" Köln, im → Haus des Kölner Karnevals am Maarweg, hat auch der BDK seinen Sitz. Als „Vereinigung zur Pflege fastnachtlicher Bräuche" vertritt er rund 2,6 Millionen Karnevalsfreunde in ganz Deutschland und mehr als 4700 Vereine. Karnevalsgesellschaften heißen in anderen Regionen zum Beispiel Narrenzunft, Faschings- oder Fastnachtsverein.

Büttenrede

Ein humorvoller Vortrag auf einer → Karnevalssitzung. „Bütt" bedeutet „Waschbütt", ein großer, fassähnlicher Behälter, in dem vor Erfindung der Waschmaschine gewaschen wurde (Waschzuber). Im Karneval wurden daraus im Laufe der Zeit schön verzierte Vortragspulte. Steigt ein Redner in die Bütt, genießt er Narrenfreiheit. Hier darf „schmutzige Wäsche" gewaschen werden. Im übertragenen Sinne heißt das, Missstände dürfen ungestraft angeprangert werden. In politisch strengen, unfreien Zeiten bot die Büttenrede eine wichtige Gelegenheit, um Probleme mal beim Namen zu nennen. Je nach Publikum und Zeitgeschmack herrschen lustige oder eher scharfe ironische (satirische) Töne vor. In Köln gibt es nur selten noch politisch gefärbte Reden. Kaum noch ein Redner benutzt eine Bütt. Auch „Typenredner" treten seltener auf. Bevorzugt werden heute lustige Vorträge und Witze erzählen vor dem Mikrofon, wie es das ganze Jahr über auch anderswo üblich ist (Conferencen).

Divertissementche(n)

heißen die lustigen Aufführungen mit Musik des Kölner Männer-Gesangvereins im Opernhaus. Traditionell werden alle Rollen von Chormitgliedern, also Männern, besetzt. Hierdurch entstehen witzige Effekte, besonders bei den Balletteinlagen. Das Wort stammt aus dem Französischen, „divertissement" bedeutet Belustigung, kleines Tonstück. In Köln heißt die Veranstaltung auch „Zillche", abgeleitet von der „Bühnengemeinschaft Cäcilia Wolkenburg". So nennt sich die Untergruppe des Gesangvereins, die für das parodistische Theaterspiel zuständig ist.

Dreigestirn

Prinz, Bauer und Jungfrau stellen das Dreigestirn. Sie sind die jährlich wechselnden höchsten Repräsentanten des Kölner Karnevals. Der **Prinz** hieß bis 1871 „Held Carneval", anfänglich auch „König Karneval". Sein Ornat ist einer Adelsmode der Renaissancezeit nachgestaltet. **Bauer und Jungfrau** hat es in deren Gestalt nicht als lebende Personen gegeben. Ihre Rolle ist symbolisch zu verstehen (allegorische Figuren). Im Mittelalter vertrat Köln (mit drei weiteren Städten) die Reichsbauernschaft. Mit Bauer war kein

Landwirt gemeint, sondern ein kräftiger Schild- und Wappenhalter, der Reich und Stadt verteidigte. Sein Ornat bezeugt mit Kettenhemd, Dreschflegel und den Stadtschlüsseln am Gürtel die Wehrhaftigkeit. Die Jungfrau ist eine Fantasiefigur. Seit etwa 1570 wird sie an der Seite des Bauern abgebildet. Sie steht für die „Unberührbarkeit", die Unabhängigkeit der Stadt. 1823 wird sie als jungfräuliche Stadtgöttin „Colonia Agrippina" interpretiert. Die zinnenförmige Krone deutet die unversehrte Stadtmauer an.

Als närrische Symbolfiguren sind Prinz (1823 „Held"), Bauer (1825) und Jungfrau (1823) seit den ersten Rosenmontags-(Masken-)zügen dabei, bis 1871 aber nicht jährlich nachgewiesen. Auch waren sie unabhängig voneinander im Umzug platziert. Im Zug fahren Bauer und Jungfrau heute noch getrennt vom Prinz.

Als Dreier-Ensemble treten sie nach 1871 auf. Ihre herausragende Stellung unter dem Begriff Dreigestirn („Trifolium") erlangten sie mit der Einführung einer festlichen Proklamation im Jahr 1936. Seitdem bleiben auch ihre Kostüme unverändert. Die drei Herren entstammen jeweils angesehenen Karnevalsgesellschaften und benötigen ein unbescholtenes Ansehen, bevor sie kurz nach Neujahr vom Oberbürgermeister inthronisiert werden. Sie residieren ab dann in einer → Hofburg und besuchen fast 400 Veranstaltungen. Davon sind viele in sozialen Einrichtungen. Ehre und Vergnügen einer → Session lassen sie sich schätzungsweise den Gegenwert eines kleinen Eigenheims kosten. Denn ihre Ornate, Orden (die „Prinzenspange"), ein Essen für eine große Gesellschaft („Prinzenfrühstück"), Wurfmaterial für den Rosenmontagszug und vieles, vieles mehr bezahlen sie selbst.

Die zahlreichen Dreigestirne im Umland (zum Beispiel in Bergisch Gladbach, Brühl, Hürth) und einigen Kölner Stadtteilen (zum Beispiel Bickendorf, Lövenich, Porz, Rodenkirchen) sind Kopien des Kölner Vorbilds und ohne eigene historische Wurzeln.

Elf

ist die wichtigste Zahl des Karnevals, sie ist die Symbolzahl der Narren. Die Wissenschaftler (Volkskundler) geben mehrere Deutungen, warum sie zur Jeckenzahl wurde.

1) Im früher sehr bäuerlich-ländlich geprägten Jahreskreis war der Martini-Tag, der 11.11. (→ Session), ein Tag des Feierns. Die Beschäftigten (Gesinde) wurden ausgezahlt und Pachtzins (zum Beispiel in Form der Martinsgans) wurde fällig. Anschließend setzte das Adventfasten ein. Also ein ähnlicher Ablauf wie beim Wechsel von Fastnacht auf → Aschermittwoch.
2) Im Mittelalter war jeder Zahl eine besondere Bedeutung zugemessen (Zahlensymbolik). Die Elf galt als „Zahl der Sünde". Narren missachteten Gott und seine Gebote. In ihrer Maßlosigkeit überschritten sie die bedeutsame Zahl Zehn (die Zehn Gebote) und erreichten nicht die (heilige) Zahl Zwölf (zwölf Apostel).
3) Die Elf als Abkürzung für die französischen Revolutionsideale E(galité), L(iberté), F(raternité); das bedeutet Gleichheit, Freiheit, Brüderlichkeit. Eine nette Interpretation, die aber nicht näher belegt werden kann, ebenso wie
4) 11 ist die Gleichstellung der Zahlen (1 neben 1) und deutet auf die Gleichheit aller Narren.

Elferrat

Zehn Mitglieder einer Karnevalsgesellschaft (meist aus dem Vorstand) sitzen im Elferratsgestühl neben dem Präsidenten. Die starre Elferratsordnung weicht immer mehr lockereren Formationen. Ebenso tauschen einige den steifen Frack gegen ein buntes Kostüm. Außer wichtig oder lustig in den Saal zu schauen, ist es Aufgabe eines Elferrats, den Präsidenten vor und beim Sitzungsablauf zu unterstützen. In den ersten Jahren des Karnevals war dieses Gremium in Anzahl und Zusammensetzung beliebig und hieß „Kleiner" oder „Lustiger Rat". Er bildete das „Festordnende Comité" und bereitete die „Generalversammlungen" (ab 1833 „Komiteesitzungen") vor. Erst um 1830 wurde daraus ein Rat von elf Herren. Und weitere rund 160 Jahre später fanden auch Frauen dort einen Platz.

Fastelovend

heißt wörtlich „Fastenabend" und meinte ursprünglich nur den Abend vor der Fastenzeit. Heute ist damit nicht nur der Tag vor → Aschermittwoch gemeint, sondern Karneval insgesamt. In Köln wurde das Wort ein Oberbegriff für das gesamte Geschehen im Karneval. Mit dem kölschen Ausdruck will man sich auch abgrenzen von Fastnachtsbräuchen anderer Regionen, die zum Beispiel Fasching oder Fassenacht sagen („Fastelovend es e Wötche, wat der Kölsche bloß versteiht").

Festkomitee

Das Festkomitee des Kölner Karnevals ist ein Zusammenschluss von über 100 Karnevalsgesellschaften. Als Gesamtvertretung bündelt es die Interessen der einzelnen Vereine, um den Kölner Karneval in einheitlicher Repräsentanz zu vertreten.

Zu den wichtigsten Aufgaben des Festkomitees gehören:
- die Pflege und Wahrung der Tradition des Kölner Karnevals als Volksfest
- Unterstützung der karnevalistischen Jugend- und Nachwuchsförderung
- Unterstützung und Betreuung der Karnevalsgesellschaften
- Stellen eines Dreigestirns, dessen Betreuung und Ausrichten von dessen Proklamation
- Vorbereitung und Durchführung des Rosenmontagszugs
- Interessenvertretung des Kölner Karnevals gegenüber der Stadt und der Öffentlichkeit
- Darstellung und Verbreitung des Kölner Karnevals, unter anderem durch Rundfunk- und Fernsehübertragungen
- Bewahrung und Dokumentation der Karnevalstradition, unter anderem im Karnevalsmuseum

Die Verantwortlichen im Festkomitee und in den Gesellschaften arbeiten ehrenamtlich.

Funkenmariechen

darf eigentlich nur die Tänzerin der „Funken" (Rote und Blaue) heißen. Umgangssprachlich wurde Funkenmariechen aber zum Oberbegriff für alle uniformierten Tänzerinnen im Karneval. Diese einzige Frauenrolle in einem Männerkorps ist abgeleitet von der historischen Figur der Marketenderin in den früheren Söldnerheeren. Sie zieht seit den ersten Rosenmontagszügen mit den Funken, tritt mit Tänzen aber erst seit den 1890er-Jahren in Erscheinung. Bis

1936 spielten Männer die Rolle. Die Nationalsozialisten erzwangen eine Besetzung durch Frauen. Anders als bei der „Jungfrau" (→ Dreigestirn) blieb es später bei der weiblichen Besetzung des Funkenmariechens.

Geisterzug
Seit 1992 ziehen am Abend des Karnevalssamstags Narren in loser Ordnung auf vorher bekannt gegebenen Wegen durch einen Kölner Stadtbezirk. Sie zeigen vornehmlich Kostüme mit Gruseleffekt, oft auch mit verhöhnenden religiösen Symbolen. Es gibt ein politisches Motto. Ursprung des heutigen Geisterzugs war ein friedensbewegter Spontanumzug anlässlich des Golfkriegs 1991. Wegen Mangel an Geld und Helfern droht dem oft recht chaotisch verlaufenden Umzug bereits seit einigen Jahren das Aus.

Geisterumzüge an Karneval gab es auch schon früher und anderswo. Bis Mitte des 19. Jh. hielten sie sich in Köln. Aus dem einstigen Spiel mit Feuer und Dämonen wurde mehr und mehr ein Umzug von „Bettlaken-Gespenstern", wie er heute noch am Karnevalssamstagabend in der Eifel-Stadt Blankenheim zu sehen ist.

So genannte Geisterzüge in den 1930er- und 1950er-Jahren in Köln waren eher Fackelzüge.

Haus des Kölner Karnevals
heißt der seit dem 9.9.1999 genutzte Gebäudekomplex auf der Grenze zwischen Köln-Braunsfeld und Köln-Ehrenfeld, am Maarweg 134. Hauptnutzer und Hausherr ist das → „Festkomitee des Kölner Karnevals von 1823 e.V." (FK). Ihm gehören über 100 Kölner Karnevalsgesellschaften an.

Alle Aufgaben des Festkomitees werden hier gebündelt. Das „Literarische Komitee" schult den Nachwuchs für das Podium. Die Zugleitung bereitet hier den Rosenmontagszug vor. Für den wochenlangen Bau der großen Mottowagen und als „Garage" für die Prunkwagen stehen mehrere Hallen zur Verfügung. Zudem hält die Kleiderkammer über 30.000 Kostüme bereit.

Herzstück des viel genutzten Geländes ist das 2005 eröffnete „Kölner Karnevalsmuseum". In einer Erlebnisausstellung zeigt es Geschichte und Gegenwart des Karnevals unter dem Motto „Tradition, Faszination, Vielfalt". Ein Prunkwagen darf in der Halle bestiegen werden.

Außerdem beherbergt das Gebäude die Büro-Zentralen von → „Bund Deutscher Karneval" (BDK) und „Närrischer Europäischer Gemeinschaft" (NEG), der rund 10.000 Gesellschaften mit 8 Millionen Mitgliedern angehören.

Hofburg

heißt das noble Hotel, in dem das Kölner → Dreigestirn mitsamt seinen Helfern (Prinzenführer, Adjutanten) von der Proklamation bis zum → Aschermittwoch wohnt. Hier werden die Termine vorbereitet, die Ornate gepflegt und zwischen den Auftritten (mehr als 300 in der → Session) ruht das Dreigestirn sich hier aus. Für den Einzug in die Hofburg lassen sich die Männer und ihre Helfer Gags einfallen, die zu ihnen, ihrer Karnevalsgesellschaft oder zum Zoch-Motto passen. Beispielsweise zogen sie mal als Müllmänner im Abfallcontainer, als feine Gentlemen im Londoner Doppeldeckerbus, als Bierkutscher mit Pferdefuhrwerk, als Matrosen in einem nachgebauten „Müllemer Böötchen", als Wandervögel, Motorradrocker, hoch zu Ross oder hoch auf dem Fahrrad in die Hofburg ein.

Jeck

ist die rheinische Aussprache des hochdeutschen Worts „Geck". Das hat eine negative Bedeutung. Es meint einen Menschen, der nicht ganz gescheit ist. Das ist jemand, der sich als Erwachsener kindisch benimmt, die Dinge nicht hinterfragt, einfach drauflos lebt und übertriebenen Wert auf Äußerlichkeiten wie Kleidung legt.

Da die Menschen im Karneval das „Verrücktsein" ja nur spielen, hat „jeck sein" hier eine genau entgegengesetzte Bedeutung bekommen. Es gilt als höchstes Lob für einen Karnevalisten, ein „echter Jeck" zu sein. Dahinter steht das Wissen, dass Narren in ihrer direkten Art die Dinge beim Namen nennen. Unverstellt wie Kinder können sie die Wahrheit zum Vorschein bringen. Sie zeigen und sagen, wie wir Menschen wirklich sind. Deshalb gilt „jeck sein" im Rheinland als menschlich und sympathisch. „Jeck loss Jeck elans" ist eine beliebte Redensart und meint, Menschen sollen einander annehmen und sich so respektieren, wie sie sind. In dieser toleranten Haltung ist der Jeck ein weiser Mensch. Er weiß, dass die Natur jeden von uns einzigartig und von anderen verschieden ausgestattet hat. Was für den einen als „verrückt" gilt, ist für einen anderen oder zu anderen Zeiten normal. Deshalb ist es eine kluge psychologische Erkenntnis, wenn es im Rheinland heißt: „Mir sin all jeck, ävver jede Jeck es anders."

Juniorenförderkreis
ist eine beim →Festkomitee angesiedelte gemeinnützige Einrichtung, die Aktivitäten junger Menschen im Karneval unterstützt. Seit seiner Gründung 1984 verhalf der Förderkreis mit Beratung und hohen Geldzuschüssen vielen Jugendgruppen der Gesellschaften zu Ausrüstung, Ausbildung und Auftrittsgelegenheiten. Auch Schulen, Kindergärten und andere Jugendeinrichtungen können sich an ihn wenden. Alkoholfreie Jugendveranstaltungen unter dem Motto „Keine Kurzen für die Kurzen" werden von ihm mitgetragen.

Jungfrau *siehe Dreigestirn*

Kamelle
heißt eigentlich Karamelle. Das ist ein einfaches Bonbon aus gebranntem Zucker. Heute meint „Kamelle" alles mögliche Wurfmaterial in Karnevalsumzügen. Die Zugteilnehmer beschenken die Zuschauer massenweise mit Kleinigkeiten. Ursprünglich wurden nur billige Süßigkeiten, eben Kamelle, ausgeworfen. Damit spielte man eine huldvolle Geste nach, wie sie unter anderem von Triumphzügen oder Hochzeitsbräuchen bekannt ist (Münzen werfen). Es war auch eine Demonstration süßer Völlerei vor der Fastenzeit. Wenn heute am Zugweg nach Kamellen gerufen wird, werden Wurfgeschenke aller Art wie Schokolade, Kaugummi, Plüschtiere, verpackte Wurststückchen, Kleingebäck und Ähnliches erwartet. In kleineren Vorortumzügen wird auch Werbematerial verteilt.

Im Kölner Rosenmontagszug werden kaum noch Kamelle geworfen. Sie wichen hochwertigen Schokoladen, Pralinen, Weingummis, Snacks und Keksen. Werbematerial bleibt im Kölner Zoch verboten.

Karnevalssitzung
Sie entstand aus der „Generalversammlung", die in den Jahren nach 1823 jeden Sonntagabend zwischen Neujahr und → Aschermittwoch vom „Kleinen" oder „Lustigen Rat" (= „Festordnendes Comité") abgehalten wurde. Humorvolle, je nach Epoche beschönigende oder kritische Beiträge in Wort und Musik wurden aus Reihen der Mitglieder vorgetragen. Seit hundert Jahren, besonders seit den 1950er-Jahren, werden die Sitzungen überwiegend von Profis gestaltet. Mehrfach am Abend ziehen sie als Vortragskünstler durch die Säle.

Fast jede Gesellschaft hält mehrere Sitzungen ab. Früher wurden sie stärker nach Garderobe und Publikumskreisen unterschieden. Auf einer **Prunk- oder Gala-Sitzung** war Abendgarderobe erwünscht. Auf den **Kostümsitzungen** gegen Ende der → Session war eine bunte Verkleidung angebracht. Auf einer **Fremdensitzung** durften auswärtige Gäste vermehrt hochdeutsch gehaltene Reden erwarten. Seit den 1990er-Jahren verwischen solche Abstufungen. Mit dem Wandel vieler → Büttenreden zu Witzplaudereien ist die Mundart ohnehin immer weniger auf Sitzungen zu hören.

Unüblich wurde die Bezeichnung **Sitzung mit Damen**, womit gemeint war, dass Damen in Begleitung von Herren eine Sitzung besuchten und mit „entschärften" Witzen rechnen durften. Geblieben sind **Herrensitzungen** (seltener werdend) und die aus den „Hausfrauennachmittagen" hervorgegangenen **Mädchensitzungen** (zunehmend).

Die **Stunksitzung** fand 1984 erstmals statt. Junge Amateure stänkerten mit einem politisch motivierten kabarettistischen Programm gegen den damals recht verstaubten Karneval an. Dies war das Startzeichen für eine Reihe von alternativen Karnevalsformen. Schwule und Lesben finden seit 1995 in der **Rosa Sitzung** und seit 2002 in der **Gloria-Sitzung** eigene Veranstaltungen.

Heute suchen auch alteingesessene Gesellschaften Alternativen zu den eingeschliffenen Sitzungsformen. Mischformate wie „KoSiBa" (Kostüm, Sitzung, Ball) sprechen vor allem ein junges Publikum an. „Milljöh"-, „Nostalgie"- oder „Flüstersitzungen" setzen ein Zeichen gegen eine überlaute Partystimmung.

Nach wie vor gibt es in zahlreichen **Pfarreien** und Vororten preiswerte Sitzungen mit guter, sehr persönlicher Stimmung und gutem Programm.

Kinderdreigestirn

Seit 1965 gibt es in jedem Jahr ein „kleines Dreigestirn". Kinder im Alter zwischen etwa neun und elf Jahren stellen in Ornaten, die denen des „großen Dreigestirns" genau nachgemacht sind, Prinz, Bauer und Jungfrau (immer durch ein Mädchen repräsentiert) dar. Sie werden einen Tag nach den Großen proklamiert. Betreut von der Bürgergarde blau-gold ziehen sie mit kleiner Wache, Pagen und Standartenträger bei rund hundert Veranstaltungen auf.

Krätzje *(auch: Krätzgen oder Krätzchen)*

Dieser sehr spezielle kölsche Begriff hat mehrere Bedeutungen:
1) Ein Krätzje erzählt eine lustige Begebenheit („Kölsche Krätzjer und Verzällcher"). Es ist die heiter ausgeschmückte Wiedergabe eines – mitunter derben – Streichs (von Krätzje = Kratzer, Schlag, Streich). Wird die Geschichte gesungen, heißt solch ein Lied auch Krätzje. Die Krätzjessänger tragen es meist in einer Art langsamem Sprechgesang vor, meist ohne Kehrvers (Refrain). Beispiel: „De eetste Prädich" (Bläck Fööss).
2) Kleine Soldatenmütze, im Karneval bekannt als aus Stoff gefertigte leichte Kopfbedeckung der Korps und Garden in Schiffchenform. („Wölle Krätzje" der Roten Funken)

Literat

Der Literat stellt das Programm einer → Karnevalssitzung zusammen. Er verpflichtet die auftretenden Gruppen, Sänger und Redner nach deren Vorstellabenden im Herbst. Prominente Künstler werden jedoch „blind" ein bis zwei Jahre im Voraus gebucht. Als das Geldverdienen mit Sitzungen noch nicht so ausgeprägt war, waren die Literaten selber kreativ tätig. Sie texteten, sangen oder stiegen in die Bütt. Unter dem Titel „des Helden Hofpoet" war der Schriftsteller Dr. phil. Christian Samuel Schier erster Literat des Festordnenden Comités von 1823. Heute sind Literaten vielfach als gewerbliche Künstleragenten tätig.

Lumpenball

ist ein Oberbegriff für alternative Karnevalsfeste, meist in Künstlerkreisen. In Köln fanden in den 1920er-Jahren Lumpenbälle der Künstler im Hotel „Em Dekke Tommes" statt. Die Nazis verboten sie. In den „Scheunen-Bällen" lebt die Idee fort. Im Straßenkarneval ziehen die Feiernden höchst fantasievoll kostümiert als „Ahl Säu" vor dem Rosenmontagszug her.

Nubbel

ist eine aus Stroh oder Lumpen gefertigte Puppe, die während der Karnevalstage vornehmlich an Wirtshausfassaden angebracht wird. Die Jecken geben dem Nubbel die Schuld dafür, dass sie mal wieder viel zu viel Geld ausgegeben, Alkohol getrunken und gebützt (geküsst) haben. Die Puppe muss den Sündenbock spielen. In der Nacht zum Aschermittwoch büßt er für die Maßlosigkeit mit Verbrennen. Was die Narren als Spiel verstehen, gibt es auch im echten Leben. Seit alters her ist aus vielen Kulturen und Religionen überliefert, dass Menschen von eigenen Vergehen ablenken und andere dafür beschuldigen. Die Psychologie nennt das heute „Fremdzuweisung".

Orden

sind heiß begehrte Ehrenzeichen, die die Karnevalisten verschenken. Die ersten Orden sind Raritäten. Es gab nur wenige und man erhielt sie für besondere Verdienste, etwa für eine gelungene Büttenrede oder treue Mitarbeit bei den Veranstaltungen. Heute werden sie in großen Mengen hergestellt und manchmal leichtfertig vergeben, etwa wenn sich eine Gesellschaft vom Empfänger Spenden oder den Glanz von Prominenten erhofft.

Da jede Gesellschaft eigene Orden anfertigen lässt, gibt es in jeder → Session eine Vielzahl von Motiven. Grob gesehen gibt es zwei Arten von Orden. **Prunkorden** sehen aus wie echte Auszeichnungen im Staat (Verdienstkreuz) oder früher beim Militär. **Motivorden** stellen oftmals Szenen aus der Stadt- oder Vereinsgeschichte dar. Beide Arten werden gerne gesammelt.

Neben der Auszeichnung persiflierten (verulkten) Blechorden der Narren auch die staatlichen Orden, vor allem die der Preußen. Wenn sich die menschliche Eitelkeit jedoch breit macht, ist zwischen lustig und ernst nehmen nicht mehr zu unterscheiden. Wehe, jemand bekommt nicht den erwarteten Karnevalsorden um den Hals gehängt!

Ornat

ist eine feierliche Amtstracht. Im Gegensatz zum Kostüm täuscht es nicht eine Rolle vor, sondern der Ornatsträger ist der, als den das Ornat ihn bestimmt. Prinz Karneval verkleidet sich also nicht als Prinz, er spielt nicht den Narrenfürsten, er ist es. Um jemanden in sein Amt einzusetzen, bedarf es neben dem Ornat ritueller Gesten und Worte. Beim Dreigestirn geschieht das während der Proklamation durch den Kölner Oberbürgermeister. Diese Zeremonie ist an die Tradition gebunden. Ornate dürfen deshalb nicht beliebig verändert werden. Die Ornate des Dreigestirns werden zwar jedes Jahr für jeden der drei Herren neu angefertigt. Doch ihr Aussehen ist seit Jahrzehnten gleich.

Prinzenführer

Der Prinzenführer ist so etwas wie der „Manager" des Dreigestirns. Er terminiert dessen Auftritte, sorgt dafür, dass sie genauestens eingehalten werden. Er nimmt ihm die Last, selber auf all diese sehr stressigen und komplizierten Abläufe achten zu müssen. Stattdessen können die drei Herren sich ganz auf ihren Auftritt bei den Veranstaltungen konzentrieren. Eine Prinzenwache (rund ein Dutzend Gardisten), Adjutanten und eine eigene Wagenflotte unterstützen ihn dabei. Auch Prinzenführer ist ein Ehrenamt.

Rosenmontag

ist der Haupttag des Karnevals, in Köln inoffizieller und höchster Feiertag. Die Bedeutung des Worts wird von „rosen" abgeleitet. Das heißt rasen, toben, sich wüst benehmen. All das geschieht auch heute an diesem Tag. Das „wüste Benehmen" ist nicht erwünscht, aber Ausgelassensein und Herumtoben sind nun mal das Recht der Narren. Vor der Karnevalsreform von 1823 war der Montag als mittlerer der „tollen Tage" (Sonntag bis Dienstag) ein ruhiger Zwischentag. Ein Umzug, der „Corso", lief am Dienstag, am Tag der eigentlichen Fastnacht. Der Montag war somit noch frei, um die neue Art von Umzug an ihm stattfinden zu lassen. Damit vermied man auch Störungen oder Konkurrenz zu den Veranstaltungen, für die traditionell schon der Sonntag und Dienstag vergeben waren. Aus der ursprünglichen „Verlegenheitslösung" entwickelte sich später der populäre Höhepunkt der Fastnacht. Im Rheinland besuchen Millionen von Menschen die Rosenmontagsumzüge. Viele Menschen nutzen die Tage aber auch für einen Kurzurlaub.

Schull- und Veedelszög *(sprich: -zöch)*
heißen wörtlich Schul- und Stadtviertelumzüge. Sie werden als Einheit genannt, setzen sich aber eigentlich aus zwei Umzügen zusammen. Seit 1933 ziehen am Sonntag vor Rosenmontag Geselligkeitsgruppen (Stammtische, Clubs, Sport- und kleinere Karnevalsvereine) aus den Stadtvierteln (Veedeln) mit närrischen Fuß- und Wagengruppen durch die Innenstadt. Dieser „Veedelszoch" ist improvisierter und kleiner als der Rosenmontagszug. Er gilt als sehr volkstümlich. Die rund 50 Gruppen verzichten auf prunkvolle Wagenaufbauten, Korpsaufzüge, Reiterstaffeln und werfen nur sparsam → Kamelle. Themen werden bevorzugt ironisch und humorvoll aufgegriffen. Originalität und Präsentation der Gruppen werden von einer Jury prämiert. Die Preisträger der Fuß- und Wagengruppen nehmen am nächsten Tag am Rosenmontagszug teil. Geschichtlich leiten sich die Veedelszög ab von den umherziehenden „Banden" der Handwerkerzünfte in reichsstädtischer Zeit.

Seit 1951 gehen den Veedelszög Gruppen aus Kölner Schulen (zuerst „Kinderzug" genannt) voran, wodurch es zum Doppelnamen Schull- und Veedelszög gekommen ist. Auf Initiative von Rektor Ernst Mömkes und Karnevalspräsident Jean Küster wurden mit Unterstützung des Schulamtes bald alle Schulformen in der Stadt erfasst. Parodiert werden meist schulinterne und bildungspolitische Themen.

Die Schull- und Veedelszög halten Ordnung und Wegstrecke des Rosenmontagszugs ein. Sie sind dessen Motto nicht verpflichtet, nutzen es jedoch verbreitet. Unterstützt werden die Züge vom „Verein der Freunde und Förderer des Kölnischen Brauchtums" in Kooperation mit dem Festkomitee.

Schunkeln
ist ein rhythmisches Bewegen in der Gemeinschaft zur Musik. Außer Tanzen gibt es zwei Bewegungsmöglichkeiten zur Karnevalsmusik. Bei geraden Takten (2/4-, 4/4-Takt) wird mitgeklatscht, zu un-

geraden Takten (3/4-Takt, Walzerrhythmus) wird geschunkelt. Damit kommt selbst bei „Sitzungen" Bewegung auf. Das Typische am Schunkeln ist der spontane Körperkontakt zum Nachbarn. Man hakt sich mit den Armen links und rechts ein, egal, ob man sich kennt oder nicht. Das fördert Kontakte, wirkt hemmungsabbauend und schafft Gemeinschaftserlebnisse. Für die Dauer eines Liedes kommt das umarmende Gefühl einer närrischen Familie auf.

Session
heißt in Köln die Karnevalszeit. Das Wort wird gesprochen wie geschrieben, klingt also nicht englisch. Man sagt auch nicht „Saison". Sessionseröffnung ist stets am 11. November um 11 Uhr 11 (→ Elf). Nach den Eröffnungsfeiern tritt während der nachfolgenden Adventszeit erst einmal eine karnevalistische Pause ein. Erst nach dem Dreikönigstag (in kurzen Sessionen gleich nach Neujahr) geht die Session mit Volldampf weiter und steuert über Sitzungen und Bälle dem Straßenkarneval mit → Rosenmontag als Höhepunkt entgegen. In der Nacht auf → Aschermittwoch endet die Session.

Traditionskorps
ist eine Ehrenbezeichnung für Korpsgesellschaften im Kölner Karneval. Der Präsident des Festkomitees verleiht sie für jahrelange Verdienste. Als Traditionskorps gelten: Rote Funken, Blaue Funken, EhrenGarde, Nippeser Bürgerwehr, Bürgergarde blau-gold, Prinzen-Garde, Altstädter, Treuer Husar, Reiterkorps Jan von Werth.

Typenrede
ist eine bestimmte Art der → Büttenrede. In Kostümierung, Gestik und Sprache verkörpert der Redner einen bestimmten Typ Mensch. Meist ist er allen vertraut und gibt Anlass für witzige Bemerkungen. Angefangen hatte damit 1873 Maria Heinrich Hoster als „Tillekatessenhändler Anton Meis". Beliebte Typen waren etwa solche aus dem Soldatenleben („Schütze Bum"), Personen mit Wirtshaus- („Ne Weinselige") und Reiseerlebnissen („Ne Weltenbummler") und bis heute immer wieder sich neckende Ehepartner („Pantoffelheld", „Hausmann"). Politische Typen sind bis auf Ausnahmen („Redner der Blauen Partei") in Köln nicht so gefragt. Sie sind eher im „Main-

zer Karneval" zu finden. Der Trend geht ohnehin von den Typenfestlegungen weg zu allgemeinen Witzerzählern unter so weit gefassten Typenbezeichnungen wie „Ein Mann für alle Fälle" oder „Blötschkopp".

Weiberfastnacht

ist am Donnerstag vor Karneval. In allen deutschen Fastnachts- und Karnevalsregionen wird dann der Auftakt des Straßenkarnevals gefeiert. In Süddeutschland heißt er „schmutziger" oder „fetter Donnerstag" (alemannisch „Schmutz" = Schmalz, Fett), denn er war der Tag der fetthaltigen Speisenzubereitung. Im Rheinland sind das unter anderem die Muuzemändelcher. Sinnvoll war es auch, die Vorräte vor dem Beginn der Fastenzeit aufzubrauchen.

In Köln und Bonn (dort vor allem in Beuel) feierten an dem Donnerstag vor allem die Marktfrauen. Der Tag wurde zum „Wieverfastelovend" (Weiberfastnacht). Wenn mit dem zwölften Glockenschlag die Spottfigur „Platzjabbeck" am Rathausturm die rote Zunge herausstreckte, rissen sich die Verkäuferinnen an den Ständen des Alter Markts gegenseitig die Mützen vom Kopf. In Zeiten als Männer das Sagen hatten, wurde das als ein Befreiungszeichen derer gefeiert, die „unter die Haube gekommen" waren, das heißt, wer Ehefrau oder Nonne geworden war. Wenn an diesem Tag Männern die Krawatten abgeschnitten werden, wird das als ihre „Entmachtung" gedeutet. Im „Fest der verkehrten Welt" verweigerten die (Ehe-)frauen die Erwartungen, mit denen sie sich oft überfrachtet fanden: „Keene Schlag wied hück gedon/ Höchstens op de decke Tromm/ Vivat Fastelovend!" (nach F. P. Kürten).

Weiberfastnacht war stets von Ausschweifungen begleitet. Das führte zu wechselnden Veranstaltungsorten. In den 1930er-Jahren wurde der Straßenkarneval am Rathausplatz eröffnet, während der Nachkriegsjahre in der Markthalle Bonner Straße, seit 1953 am Alter Markt in Regie der „KG Altstädter". Mit dem Heumarkt scheint seit 2006 die Grenze des Massenaufkommens erreicht. In den Stadtteilen finden Eröffnungsfeiern im kleineren Rahmen statt. Weiberfastnacht ist der Tag des Kneipen-, Betriebs- und Schulkarnevals sowie die Nacht der Kostümbälle.

Für die Polizei ist an Weiberfastnacht Großeinsatz. Sie greift vor allem bei Alkoholmissbrauch und Aggressivität konsequent ein. Für Jugendliche gibt es seit 2000 eine alkoholfreie Party mit Top-Bands und prima Stimmung auf dem Neumarkt.

Zoch
ist ein kölsche Abkürzung und meint den Rosenmontagszug.

Zochmotto
Gespannt wartet die Stadt am Karnevalsdienstag darauf, welches Motto der →Zugleiter für die nächste Session ausruft. Obwohl es eigentlich nur dem Rosenmontagszug gilt, prägt es die Vorbereitungen der Karnevalsaktiven während der kommenden Monate insgesamt. Es beeinflusst deren Ideen, Wagen- und Kostümgestaltung, setzt Schwerpunkte für Lieder (Mottolied), Liederhefte und für andere Aktivitäten. Es färbt auch auf Veranstaltungen ab, die gar nichts mit dem Festkomitee zu tun haben, wie zum Beispiel Schulsitzungen. Ein Motto kann bedeutsame aktuelle Ereignisse des Jahres aufgreifen, wie etwa den Weltjugendtag 2005 („Kölle un die Pänz us aller Welt"), die Fußball-Weltmeisterschaft 2006 („E Fastelovends-Foßballspill"), Jubiläen wie „200 Jahre Hänneschentheater" 2002 („Janz Kölle es e Poppespill"), Dom-Vollendung 1980 („Mer loße d'r Dom verzälle") oder es zielt auf den Zeitgeist und kölsche Lebensweisheiten wie 2007 „Mir all sin Kölle!".

Zugleiter
ist eine der bedeutungsvollsten Aufgaben im →Festkomitee des Kölner Karnevals. Dem Zugleiter ist das Recht vorbehalten, ein Motto für den Rosenmontagszug auszugeben. Er verantwortet dessen Gestaltung, den Zugweg und die Zulassung von Gruppen. Ein großes Helferteam unterstützt ihn, damit es ein fröhlicher Zug mit witzigen und auch bissigen Persiflagen wird. Damit es auch ein sicherer Zug wird, werden mit vielen Behörden der Stadt Absprachen getroffen. Obwohl die ganzjährige Zugvorbereitung ab Herbst zum Vollzeit-Job wird, ist auch die Zugleitung ein Ehrenamt.

Statt Nachwort ...
... eine Bitte an Eltern, Erzieher und Lehrkräfte

Ich mag dieses verrückte Fest Karneval. Andernfalls hätte ich kein Buch darüber schreiben sollen. Ich kenne auch den Druck, anderen nahe bringen zu wollen, was man selber mag. Als Vater, Lehrer und Kinderpsychotherapeut kenne ich aber auch die Erfahrung, die alle Eltern machen: Nichts ist wirkungsloser, als Begeisterung zu erzwingen.

Überreden Sie Ihr Kind nicht zum Karneval. Manchmal ist der wirklich zu rummelig. Zwängen Sie es auch nicht gegen seinen Willen in ein Kostüm. Das kratzt dann besonders. In bestimmten Altersphasen machen Kostüme auch Angst. Zum jecken Verhalten muss man Kinder nicht animieren. Sie dürfen täglich noch den Quatsch ausspielen, für den wir Großen den Kalender brauchen.

Begeistern Sie sich für den Karneval, aber missionieren Sie ihn nicht. Schüsse können auch nach hinten rausgehen. Kontraproduktive Effekte sind oft das Ergebnis von Pädagogeneifer. Karneval will entdeckt werden. Jeder will ihn sich selbst aneignen. Das braucht Zeit. Das braucht aber auch Kenntnisse. Daraus folgt meine nächste Bitte.

Geben Sie Ihrem Kind die Gelegenheit, sich mit dem Karneval vertraut zu machen. Vermitteln Sie ihm Kenntnisse und lassen Sie es närrische Erfahrungen sammeln. So, wie Sie ihm den Zugang zu Kunst und Musik, Geschichte und Religion ermöglichen. Karneval ist dabei kein Selbstzweck. Um ihn geht es nicht. Es geht darum, dass wir unserem Leben nicht eine Ausdrucksform vorenthalten, die es bunt machen kann.

Es mag sein, dass Sie selber vom Karneval die Nase gestrichen voll haben. Glauben Sie, auch Karnevalisten kennen solche Phasen. Vielleicht sind Sie aber einfach nicht hineingewachsen oder haben böse Erfahrungen gemacht. Wird Ihnen alles geglaubt. Lassen Sie Ihr Kind dennoch eigene Erfahrungen machen, lassen Sie es die Brauchkultur seiner Region erleben. Vielleicht bedeutet das für Sie der Verzicht auf eine Reise ins Schneegebiet an den nächsten „Karnevalsferien". Das ist ja kein Opfer für immer. Es geht um die sensiblen ersten zehn, zwölf Jahre, die uns später das Gefühl heimatlicher Identität geben: „So war das in meiner Kindheit." Wenn Leute wie Sie mitmachen, müssen unsere Kinder das Fest nicht jenen Krawallköpfen überlassen, die es als Sauf- oder Dauerparty missverstehen.

Wenn Ihr Kind gar aktiv in einer Karnevalsgruppe mitmachen möchte, dann zucken Sie nicht gleich mit Blick aufs Portmonee. Natürlich kostet Karneval machen Geld. Aber daran muss die Mitwirkung eines jungen Menschen heute wirklich nicht scheitern. Brauchtumsförderer und Juniorenförderkreis leisten hier Hilfen. Die Probleme liegen eher im Durchhaltevermögen. Da braucht Ihr Kind wieder Sie.

Als Erzieher disziplinieren wir uns oft und tun manches zunächst nur „der Kinder wegen". Es besteht die Chance, dass wir später selber Gefallen daran finden. Nicht auszuschließen ist, dass auch Zugereiste („Imis") über en kölsch Mädche, über ne kölsche Jung zu 'ner fastelovendsfreudigen Famillisch werden.

Mit Spass an d'r Freud
Wolfgang Oelsner

Dabei sein und mitmachen – Adressen und Veranstaltungen

Tanzgruppen

Die folgenden Karnevalsvereine haben eigene Kindertanzgruppen, die sich über neue Mittänzer und -tänzerinnen immer freuen! Infos findest du auf den Internetseiten der Vereine.

Alte Kölner K.G. „Schnüsse Tring" 1901 e.V – Kammerkätzchen und Kammerdiener, www.kammerkaetzchen.de

Altstädter Köln 1922 e.V – Kölsche Dillendöppcher
www.kölsche-dillendoeppcher.de

Blaue Funken-Artillerie Blau-Weiß 1870 e.V. – Blaue Funken Kindergruppe
www.blaue-funken.de

Bürgergarde „blau-gold" von 1904 e.V. – Tanzmäuse, www.buergergarde.de

EhrenGarde der Stadt Köln 1902 e.V., www.ehrengardekoeln.de

Große Höhenhauser K.G. Naaksühle von 1949 e.V. – Ühlepänz
www.naaksuehle.de

Große KG Köln-Nord von 1963 e.V. – De Kölsche Ströppcher
www.koelsche-stroeppcher.de

Kölner Narrenzunft von 1880 e.V., www.koelnernarrenzunft.de

K.G. Kölsche Narrengilde von 1967 e.V. – De Höppemötzjer
www.hoeppemoetzjer.de

**Lyskircher Junge
Gesellschaft zur Pflege Kölner Mund- und Eigenart 1930 e.V.** – Hellige Pänz
www.hellige-paenz.de

Neppeser Schefferjunge vun 1955 – De Klabautermänner
www.neppeser-schefferjunge.de

Original Tanzgruppe Kölsch Hännes'chen 1955 e.V.
www.koelschhaenneschen.de

Reiterkorps Jan von Werth von 1935 e.V., www.janvonwerth.de

Tanzcorps Rheinmatrosen – Kinder- und Jugendtanzgruppe „Minis"
www.minis.mynetcologne.de

KG Treuer Husar „blau-gelb" von 1925 e.V. – Husarenpänz, www.treuerhusar.de

KG UHU – Schnäuzer Pänz, www.kguhu.de

Prinzen-Garde Köln 1906 e.V. – Kindergruppe, www.prinzengarde-koeln.de

K.G. „Die Isenburger" Köln-Holweide 1974 e.V. – Die Isenburger Sprüütcher
www.kg-die-isenburger.de

Musikgruppen

Im Folgenden eine Auswahl von Musikgruppen. Weitere Infos und Adressen gibt es bei den Karnevalsgesellschaften und beim Festkomitee.

Blasorchester M.C. Kapelle Köln e.V., www.mc-kapelle.de

Fanfarenzug Merkenicher Musketiere von 1978 e.V.
www.merkenicher-musketiere.de.vu

Kölner Husaren grün-gelb von 1895/1959 e.V.
www.koelner-husaren-gruen-gelb.de

Lucky Kids – Kinder- und Jugendchor der Rheinischen Musikschule Köln
www.luckykids.net

Poller Jugendblasorchester seit 1965, www.poller-jubo.de

Tanz- und Musikzug Domstädter Köln e.V., www.domstaedter.de

Wilmas Pänz, www.wilmas-paenz.net.tc

Kindersitzungen

Aktuelle Infos zu den Kindersitzungen, die in einer Session stattfinden, findest du auf den Internetseiten der Vereine und in der Tageszeitung.

Boore-Puute-Sitzung (KG UHU)
Kindersitzung im Forum der Gesamtschule Holweide, www.kguhu.de

Kinderkostümsitzung (KKG Alt-Lindenthal)
Kindersitzung im Holiday Inn Köln – Am Stadtwald
www.alt-lindenthal.de

Kinderkostümfest (Blau-Wiesse Funke Wahn)
Kinderfest im Rathaussaal Porz, Eintritt Frei, www.blau-wiesse-funke-wahn.de

Kinder-Kostümfest (Große Dünnwalder KG – Fidele Jonge)
Kostümfest am Nachmittag mit vielen Spielen und Attraktionen, Josef-Barten-Halle in Dünnwald, www.fidele-jonge.de

Kinderkostümsitzung (KG Lövenicher Neustädter)
Kindersitzung in der Mehrzweckhalle Köln-Weiden
www.loevenicher-neustaedter.de

Kinder-Kostüm-Fest (KG Müllemer Junge)
Kinderfest mit buntem Programm in der Mülheimer Stadthalle
www.muellemerjunge.de

Kinderpuppensitzung im Hänneschentheater
Lustiges Karnevalsprogramm mit den Hänneschen-Figuren, www.haenneschen.de

Kindersitzung der Roten Funken
Veranstaltung mit buntem Programm im Maritim-Hotel, www.rote-funken.de

Kinderstunksitzung
Findet in jeder Session mehrmals im Bürgerhaus Stollwerck statt. Buntes Programm mit Sketchen, Clownerien, Akrobatik und viel Live-Musik.
www.kinderstunksitzung.de

Ziegenbartsitzung
Kindersitzung mit tollem Programm und einer Ziege als Präsident!
Infos: Stefan Kaiser, Tel. 0221-39 40 62

Karnevalspartys für Jugendliche

Bützje-Ball (EhrenGarde)
Große Kostümparty für Jugendliche und junge Erwachsene in der Halle Tor 2
www.ehrengardekoeln.de

Jeck Dance
Karnevalsparty des Projektes „Keine Kurzen für die Kurzen" an Weiberfastnacht auf dem Kölner Neumarkt. Beginn am frühen Nachmittag. Neben einem super Bühnenprogramm mit Kölner Musikgruppen gibt es auch ein abwechslungsreiches Rahmenprogramm, alles „umsonst und draußen", kein Alkoholausschank.

Jugendparty „tärää"
Karnevalsparty für Jugendliche am Karnevalssonntag in der Flora. Veranstaltet durch die Jugend im Festkomitee des Kölner Karnevals von 1823 e.V. Kartenvorverkauf jeweils Anfang Januar über die Geschäftsstelle der Kölner Bank (Hohenzollernring 31–35), Vorverkaufstermine sind der Tagespresse zu entnehmen.

Jung un Jeck (Große Dünnwalder KG – Fidele Jonge)
Karnevalsfete für Junge und für Junggebliebene mit karnevalistischen Show-Einlagen, Josef-Barten-Halle in Dünnwald, www.fidele-jonge.de

Kölle-Alarm
Karnevalsparty des Brezelkinder e.V. Neben zahlreichen Kölner Musikgruppen sorgt ein DJ für gute Stimmung. Die Sitzung steht in Kooperation mit dem Projekt „Keine Kurzen für die Kurzen", deshalb gibt es auch keinen Alkohol.
www.koelle-alarm.de

Wibbel-Dance Party (Rote Funken)
Party für Jugendliche mit vielen Bands und Musik zum Tanzen und Feiern.
www.wibbel-dance-party.de

Sonstige Adressen

Festkomitee des Kölner Karnevals von 1823 e.V.
Maarweg 134–13, 50825 Köln, www.koelnerkarneval.de

Jecke Tön för jecke Pänz
Gemeinsame Schulsitzung Kölner Schulen im Friedrich-Wilhelm-Gymnasium
Kontakt: Beate.Weber@stadt-koeln.de

„Pänz vun Gereon" e.V. (Karnevalsgesellschaft für Kinder und Jugendliche)
www.paenzvungereon.de

Bildnachweis

Archiv Bläck Fööss S. 77
Archiv Bürgergarde „blau-gold" von 1904 e.V. S. 53
Archiv EhrenGarde der Stadt Köln 1902 e.V. S. 48, 52 o.
Archiv Kammerkätzchen und Kammerdiener S. 60 li.
Archiv Kölner Funken-Artillerie blau-weiß von 1870 e.V. S. 51
Archiv Kölsche Funke rut-wieß vun 1823 e.V. S. 40/41, 43 o., 45, 50
Archiv KKG Nippeser Bürgerwehr 1903 e.V. S. 52 u.
Archiv Reinold Louis S. 83, 85
Archiv Reiter-Korps „Jan von Werth" von 1925 e.V. S. 55 u.
Archiv Treuer Husar Blau-Gelb von 1925 e.V. S. 56, 98, 128
Archiv Thomas Liessem (entnommen aus: Die Prinzen-Garde Köln, Bachem Verlag 2005) S. 57
Bachem Archiv S. 27
Badura, Joachim S. 108 u., 112, 129, 130, 137, 156
Becker, Matthias S. 80f., 82
Boisserée, Barbara S. 132
Boisserée, Gina S. 10f., 12, 13, 116 u., 117, 124, 134, 135 li., 136
Die Photographische Sammlung/ SK Stiftung Kultur (August Sander Archiv) S. 103
Gauger, Peter S. 71
Historisches Archiv der Stadt Köln S. 39 o.
Kahrl, Peter, clicpunkt.de S. 2
Kölnisches Stadtmuseum S. 22f., 25, 26, 28, 29 o., 30, 31, 33, 38 o., 44, 63 u., 110
Kunsthistorisches Museum mit MVK und OTM, Wien S. 19
Linke, Manfred S. 74, 125
Marzellen Verlag/Malcolm Powell (Bildquellen: Goethe – Kreidezeichnung von Ludwig Sebbers/Bildarchiv Preußischer Kulturbesitz, Berlin, Narrenkappe – Gemälde von Heinrich Hoerle/Kölnisches Stadtmuseum) S. 17
Oelsner, Wolfgang S. 21, 39 u., 43 u., 113 u., 116 o.
Olligschläger, Artur S. 54
Rakoczy, Csaba Peter S. 20, 90f., 102
Reproduktion aus Fuchs, Peter/Schwering, Max-Leo, Kölner Karneval, Bd. 1, Köln 1972 S. 72 o.
Reproduktion aus: Kölnisches Stadtmuseum, Michael Euler-Schmidt, Peter Ditgen (Hg.), Köln auf alten Ansichtskarten, Köln 1995 S. 49
Rheinisches Bildarchiv Köln S. 15 u., 16, 29 u., 38 u., 63 o., 86
Rieger, Joachim S. 14 o., 47 o., 60 re., 65, 68f., 99, 106, 111, 115, 119, 120f., 123
Römisch-Germanisches Museum (Foto: Sandra Siegers) S. 14 u.
Römisch-Germanisches Museum/Rheinisches Bildarchiv Köln S. 15 o.
Schirner, Jörg S. 62, 67, 96, 138
Schmülgen, Thilo: S. 72 u., 93, 104, 107, 118
Schnell, Fritz S. 47 u., 95, 108 o., 131
Schulamt der Stadt Köln S. 78
Schwiegershausen, Florian S. 55 o.
Tewes, Frank, Redaktion „Dat wor et ..." S. 61, 73, 76, 97, 100, 105, 109, 113 o., 122, 127, 135 re.
Verein Heimatmuseum Köln e.V. S. 37, 58 o., 58 u.

Gutschein

für einmal freien Eintritt für ein Kind in das

Kölner Karnevalsmuseum

Bitte im Museum abstempeln lassen.